Über dieses Buch

Diese Einführung bietet einen einfühlsamen und anschaulichen Abriss der Grundlagen und Formensprache der lyrischen Literatur. Sie führt den interessierten Laien und Liebhaber von Gedichten anhand von Text- und Hörbeispielen behutsam an das Thema heran. Die zahlreichen Hörbeispiele des E-Books bieten allerdings auch dem literarischen Kenner eine Quelle unterschiedlicher Interpretationen und Sichtweisen. Diese Publikation strebt an, eine lebendige Aneignung von Lyrik zu ermöglichen und den Leser/Zuhörer so zu eigener weitergehender Beschäftigung mit dem Thema zu befähigen und zu ermutigen.

Über den Autor

Der Schauspieler, Regisseur und Sprecher Fritz Stavenhagen ist seit 60 Jahren auf der Bühne, vor der Kamera und am Mikrofon zu Hause. Er hat seit 2001 im Internet das Lyrikportal „Gesprochene Deutsche Gedichte" aufgebaut, das 1900 von ihm gesprochene deutsche Gedichte umfasst. 2025 wurde ihm dafür das Bundesverdienstkreuz verliehen.

www.fritz-stavenhagen.de
www.deutschelyrik.de

Bibliografische Information der Deutschen
Nationalbibliothek:
Die Deutsche Nationalbibliothek verzeichnet diese
Publikation in der Deutschen Nationalbibliografie;
detaillierte bibliografische Daten sind im Internet über
http://dnb.dnb.de abrufbar
.

Durchgesehene erweiterte und verbesserte Neuauflage 2025
Verlag: BoD · Books on Demand GmbH, Überseering 33,
22297 Hamburg, bod@bod.de
Druck: Libri Plureos GmbH, Friedensallee 273, 22763
Hamburg

ISBN: 978-3-7460-6810-7

Fritz Stavenhagen

Einführung in die Lyrik

Grundlagen und Formen der Poesie

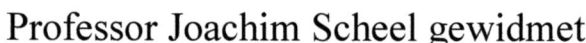

Professor Joachim Scheel gewidmet

Inhalt

Vorwort   8
Einleitung   9

1. Grundelemente der Lyrik   16
1.1 Vers   17
1.2 Reim   21
2. Lyrische Bildsprache   28
3. Interpretation   32
3.1 Die Analyse   32
3.2 Die Aufführung   34
4. Gattungen   47
5. Die literarischen Epochen   49
5.1 Mittelhochdeutsch   1050 – 1350   49
5.2 Barock   1600 – 1720   51
5.3 Aufklärung   1720 – 1790   53
5.4 Empfindsamkeit   1740 – 1790   57
5.5 Sturm und Drang   1765 – 1785   57
5.6 Klassik   1785 – 1830   59
5.7 Romantik   1800 – 1835   60
5.8 Biedermeier   1815 – 1848   62
5.9 Vormärz   1825 – 1850   63
5.10 Realismus   1850 – 1890   64
5.11 Frühe Moderne   1890 – 1925   65
5.12 Zwischen den Kriegen   1918 – 1945   68
5.13 Jüngste Moderne   ab 1945   71
6. Wozu Lyrik?   75

Nachwort   83
Danksagung   84

Vorwort

Dieses MultiMedia-Projekt kommt als Doppelpack: als Buch und als E-Book.

Beim Einsatz des E-Books lassen sich die hinterlegten Dokumente und Dateien bequem per Klick aufrufen und lesen bzw. anhören. Wer jedoch lieber ein Buch in der Hand hält, kann die im Text gedruckten Links auf jedem mobilen Endgerät manuell aufrufen. Der Buchtext bildet zwar für sich allein ein geschlossenes Ganzes, wird jedoch von einer Vielzahl verweisender Links wesentlich ergänzt. Theoretisches Wissen verbindet sich so mit lebendigem Hörerlebnis, und trägt dadurch, wie ich hoffe, zu einem vertieften Lyrikverständnis bei.

Einleitung

Kleine Einstiegshilfe in eine stiefmütterlich behandelte literarische Gattung

Keiner liest mehr Lyrik, oder doch? Lesen Sie Gedichte? Still oder vielleicht laut, für sich oder auch für Zuhörer?

Eine Frage, die heute selten gestellt wird. Der oder die Fragende könnte fürchten, als Sonderling angesehen zu werden oder den Befragten in Verlegenheit zu bringen. Jedenfalls weisen Umfragen darauf hin, dass die Gedichteleser in Deutschland weniger werden. Ich finde das schade. Sie vielleicht auch? Ganz ohne Bezug zum Thema können Sie schwerlich sein, sonst hätten Sie dieses MultiMedia-Buch ja nicht erworben, das einen Beitrag leisten will, dieser Literaturgattung neue Leser zuzuführen. Wenn möglich neue Freunde.

Gedichte stehen im (Ver-) Ruf „schwierig" zu sein. Stimmt das? Hören wir uns doch einmal diese Verse an:

Hänschen klein

https://www.youtube.com/watch?v=IzUFJ9VnkE8

Fuchs, du hast die Gans gestohlen

https://www.youtube.com/watch?v=ZuqDVchWgdQ

Nun? Schwierig?

Ja, werden Sie vielleicht einwenden, Kinderreime, das sind doch keine richtigen Gedichte, die zählen nicht. Und außerdem sind das Kinderlieder und schon deshalb keine Gedichte. Wirklich? Wieso nicht? Oder anders gefragt, was ist denn ein Gedicht? Welche Voraussetzungen, welche Kriterien müssen erfüllt sein, damit wir von einem Gedicht sprechen.

Wie uns das Beispiel gereimter Verse für Kinder zeigt, sind viele von ihnen zu Liedern geworden und einige zu schönen Volksliedern, die jeder kennt. „Nun zu guter Letzt" ist von den folgenden dreien wohl weniger bekannt. Darum hab ich auch den Text, der von Hoffmannn von Fallersleben stammt, hinzugefügt. Die gesungene Aufführung ist mir seit Jugendtagen unvergesslich. Jahr für Jahr wurde in der Aula des Mindener Altsprachlichen Gymnasiums zur Abiturfeier den Abiturienten dieses Abschiedslied vom Schülerchor gesungen und nach 9 Jahren stand ich 1963 als frisch gebackener Abiturient selbst auf dem Podium und nahm mein „Reifezeugnis" entgegen. Aus diesem guten Grund ist mir dies eher schlichte Stück ans Herz gewachsen.

Das Wandern ist des Müllers Lust
https://www.youtube.com/watch?
v=g8lWPTmvvbQ&list=RDg8lWPTmvvbQ&start_radio=1

Nun zu guter Letzt
https://www.youtube.com/watch?
v=PMMEZDDNxcg&list=RDPMMEZDDNxcg&start_radio
=1

Nun zu guter Letzt
geben wir dir jetzt
auf die Wandrung das Geleite.
Wandre mutig fort,
und an jedem Ort
sei dir Glück und Heil zur Seite!
Wandern müssen wir auf Erden,
unter Freuden und Beschwerden
geht hinab, hinauf
unser Lebenslauf
das ist unser Los auf Erden
.
Bruder, nun Ade,
scheiden tut zwar weh,
Scheiden ist ein bittres Leiden.
Wer es gut gemeint,
bleibt mit uns vereint.
so, als gäb es gar kein Scheiden.
Dieser Trost mag dich begleiten,
manche Freude dir bereiten.
Wenn du bist im Glück,
denk an uns zurück,
denk an die vergangnen Zeiten.

Bruder, nimm die Hand
jetzt zum Unterpfand,
dass wir treu gesinnt verbleiben;
redlich sonder Wank
fern von Neid und Zank
stets in unserm Tun und Treiben.
Endlich wird's einmal geschehen,

dass auch wir uns wiedersehen
und uns wieder freun
und den Bund erneun. –
Lebe wohl, auf Wiedersehen!

Ich weiß nicht, was soll es bedeuten
https://www.youtube.com/watch?v=kmqKIuo1iYk

Moment, werden Sie jetzt vielleicht denken oder sagen, sind das denn Kinderlieder? Respektive Volkslieder? Ja, Sie haben recht, die Texte sind nicht anonym „im Volk" entstanden, sondern von Autoren, von Dichtern verfasst: „Das Wandern" stammt von Wilhelm Müller (1794 – 1827), und sein Text wurde zum Volkslied, „Nun zu guter Letzt" stammt von Hoffmann von Fallersleben (1798 – 1874), vertont wurde es von Felix Mendelssohn, und „Die Loreley" hat Heinrich Heine (1797 – 1856) geschrieben. Übrigens hat Müllers Gedicht auch Franz Schubert vertont und dieses Lied bildet den Auftakt seines Liederzyklus' „Die schöne Müllerin", das zum Repertoire vieler namhafter Sänger gehört.

Das Wandern
https://www.youtube.com/watch?v=Q9XxnkzYVw0&list=RDQ9XxnkzYVw0&start_radio=1

Aber es ging doch um Gedichte, um Poesie, nicht um Musik. Das ist richtig, aber Poesie, die literarische Gattung der Lyrik steht der Musik näher als die beiden anderen Gattungen der Literatur, die Epik, also die erzählende Kunst (Novelle, Kurzgeschichte, Roman) und die Dramatik (Dramen und Theaterstücke). Und dieser kleine Umweg führt uns bereits zu einem wesentlichen Merkmal alles Lyrischen, nämlich zur Beobachtung, dass Gedichte etwas mit Musik gemeinsam haben. In der griechischen Antike wurde das Saiteninstrument Lyra als Begleitung zum Vortrag von Gedichten oder Liedern benutzt. Das Instrument war Apollon zugeordnet, dem Gott der Heilkunst, der Weissagung und der Künste, insbesondere der Musik und Dichtkunst. Und von der Lyra leitet sich der Begriff Lyrik her. Interessanterweise bestand im Weltbild der alten Griechen zwischen Kunst und Heilung ein verbindender Zusammenhang. Ich werde im letzten Kapitel darauf ausführlich eingehen.

Zu den grundlegenden Kategorien aller Musik gehören Rhythmus, Melodie und Harmonie, und wer auch nur ein einziges Gedicht kennt, weiß intuitiv, dass ohne Versmaß, ohne klanglich geordnete Sprache, ohne formale Regelhaftigkeit kein Gedicht entsteht, sondern Prosa. Die ist natürlich auch eine regelhafte, der jeweiligen Grammatik unterworfene Sprache mit einer Kommunikationsabsicht, aber eben kein Gedicht. So wie der Text, den ich hier geschrieben habe und den Sie gerade lesen, sachliche Prosa zum Thema Poesie ist mit der kommunikativen Absicht, Ihnen Poesie näher zu bringen, doch keine Poesie. Wie ich auch über Musik schreiben oder Musik spielen oder Musik hören kann. Und natürlich Musik komponieren kann, wenn ich Komponist bin.

So sind Musik und Lyrik bestimmt durch <u>Rhythmik</u> (in der Musik ist das der Takt, in der Lyrik Versmaß oder Metrum), durch <u>Harmonik</u> (in der Musik ist das das Wechselspiel von Konsonanz und Dissonanz, in der Lyrik der Reim) sowie

Melodik (in der Musik die bestimmende Linienführung einer Melodie sowie in der Lyrik die Sprachmelodie des geschriebenen und Intonation des gesprochenen Wortes). Musik und Lyrik stehen somit als benachbarte Kunstformen in enger Wechselwirkung. Zwar gibt es nur wenige Menschen, Musiker zumeist, die beim Lesen der Notenschrift Musik erfassen und erleben können, wesentlich mehr Menschen sind in der Lage, beim stillen Lesen eines Gedichts, auch ohne selbst Dichter zu sein, Gehalt und Klang eines Gedichts zu erfassen und zu erleben.. Gleichwohl haben Musik und Lyrik gemeinsam, dass das aufgeführte, das vorgetragene Werk in seiner klanglich-akustischen Gestalt für den Laien wie für den Profi gleichermaßen zu einer größeren Bereicherung führen kann als die schriftliche Urform. Mehr als andere Formen der Kunst scheinen Lyrik wie Musik auf die akustische Verwirklichung angewiesen oder zumindest angelegt zu sein.

Hier ein Versuch, die Probe aufs Exempel. Bitte lesen Sie das folgende Gedicht, das Sie vielleicht kennen, still für sich; erst dann hören Sie meinen Vortrag. Ich hoffe, Sie werden bestätigt finden, „hören", wovon ich gesprochen habe.

Mondnacht
Joseph von Eichendorff

Es war, als hätt der Himmel
Die Erde still geküßt,
Daß sie im Blütenschimmer
Von ihm nun träumen müßt.

Die Luft ging durch die Felder,
Die Ähren wogten sacht,
Es rauschten leis die Wälder,
So sternklar war die Nacht.

Und meine Seele spannte
Weit ihre Flügel aus
Flog durch die stillen Lande,
Als flöge sie nach Haus.

.https://www.deutschelyrik.de/mondnacht.html

Und noch einmal zurück zur eingangs gestellten Frage. Was macht ein Gedicht zum Gedicht? Gehen wir einmal dem deutschen Wort auf seine etymologische, seine sprachgeschichtliche Spur, so stellt sich heraus, das Gedicht ist vom Wortsinn her etwas Dichtes, in dem sich etwas ver-dichtet und somit greifbar, be-greifbar wird. Und wer so etwas schreiben kann, ist Dichter. In der Verdichtung werden so getrennte, nicht selten scheinbar unzusammenhängende Teile zusammengefügt, teilweise vielleicht unter Druck zusammengepresst, und es entsteht unter bestimmten Bedingungen ein Gebilde von großer Dichte: das Gedicht. Diesen Bedingungen wollen wir uns nun etwas näher zuwenden.

1. Grundelemente der Lyrik

Aus meinen „Lehr- und Wanderjahren" als Schauspieler kenne ich noch die Übungen aus dem „Kleinen Hey", Standardwerk der Sprecherziehung.

Barbara saß nah am Abhang
Sprach gar sangbar – zaghaft langsam;
Mannhaft kam alsdann am Waldrand
Abraham a Sancta Clara!

Das war natürlich nur ein phonetischer Spaß. Ich habe keineswegs vor, hier einen Übungskurs für lautreines Sprechen anzubieten. Von diesen auf lautreines Sprechen abzielenden Versen bietet der „Kleine Hey" für jeden Buchstaben zwar zumeist sinnfreie jedoch zungenbrecherische Bravourstückchen. Trotzdem ist auch dieser Text meines Erachtens ein Gedicht, wenn auch in etwas eingeschränktem Sinne. Warum? Nun, dieser offensichtlich auf lautreine Ausspache des Vokals a angelegte Text enthält zwar keinen Reim, das gängige aber keineswegs notwendige Merkmal des Gedichts, aber ein klares Versmaß.

Merksatz:

<u>Reim und/oder Versmaß sind formale Grundmerkmale des Gedichts.</u>

1.1 Vers

Beginnen wir also mit dem Versmaß, auch Metrum genannt, das als rhythmische Struktur wie erwähnt Lyrik mit Musik verbindet. In der Musik nennen wir es Takt, aber es ist prinzipiell das Gleiche. In unserem Beispiel haben wir 4 Zeilen, die alle streng nach demselben Rhythmus gebaut sind:

− steht für betont

◡ steht für unbetont

−◡−◡−◡−◡

dam ta dam ta dam ta dam ta
A-bra-ham-a-Sancta Clara
o   o   o   o

Diese Betonung, dieses Versmaß trägt den Namen Trochäus und sein rhythmisches „Gegenteil" heißt Jambus:

◡− ◡− ◡− ◡ −

ta dam ta dam ta dam ta dam
Ich kam und sah und freute mich
   o   o   o   o

Auch dieser von mir erfundene Vers erhebt keinen Anspruch auf lyrische Geltung.

Man spricht in den beiden obigen Beispielen, in denen sich 4 Jamben bzw. Trochäen pro Zeile befinden, von einem vierhebigen jambischen Vers, bzw. Jambus, respektive von einem vierhebigen trochäischen Vers, bzw. Trochäus. Kadenz ist ein weiterer häufig verwendeter Fachbegriff zum

Thema Versschema. Der Begriff beschreibt die Endung eines Verses, d.h. die letzte Silbe: betont ist männlich, unbetont ist weiblich.

Zwei Beispiele:

Jambus mit männlicher Kadenz:
Am grauen Strand, am grauen Meer
 ͏°   °   °   °
Und seitab liegt die Stadt;
 °   °   °   (Storm)

Trochäus mit weiblicher Kadenz:
Freude, schöner Götterfunken
 °   °   °   °   (Schiller)

Das haben Sie sicher auch wahrgenommen: die männliche Kadenz wirkt härter, die weibliche weicher. Kadenz von lateinisch cadere bedeutet fallen, also wie der Vers am Ende „fällt". Wie gesagt erheben die zu Beginn des Kapitels angeführten Beispielverse keinen Anspruch auf hohe lyrische Geltung. Das folgende im vierhebigen trochäischen Vers geschriebene Gedicht allerdings schon:

An die Freude
Friedrich Schiller
https://www.deutschelyrik.de/an-die-freude-1785.html

Und dieses in zweihebigen jambischen Versen nicht minder:

Gefunden
Johann Wolfgang von Goethe
https://www.deutschelyrik.de/gefunden.html

Es gibt neben dem gleichmäßigen 2er, bzw. 4er Rhythmus ähnlich wie in der Musik den 3er bzw. 6er Rhythmus. In der Musik kennen Sie natürlich den Walzer, den wohl bekanntesten 3er Takt, <u>eins</u>, zwei drei, <u>eins</u>, zwei drei, <u>eins</u>, zwei drei ... In der Dichtung nennt er sich aus der griechischen Metrik entlehnt Daktylus (wörtlich 'Finger', das untere Glied ist lang, die zwei oberen kurz) und sein Pendant (eins, zwei, <u>drei</u>, eins, zwei, <u>drei</u>, eins, zwei, <u>drei</u>) heißt Anapäst. Hier die entsprechenden Kostproben, erst Daktylus, dann Anapäst:

Reineke Fuchs
Johann Wolfgang von Goethe
Pfingsten, das liebliche Fest, war gekommen; es

—◡◡,—◡◡,—◡◡,—◡◡

grünten und blühten Feld und Wald;
auf Hügeln und Höhn, in Büschen und Hecken
Übten ein fröhliches Lied die neuermunterten Vögel;

Der Taucher
Friedrich Schiller
Und es wallet und siedet und brauset und zischt

◡◡—,◡◡—,◡◡—,◡◡—

Wie wenn Wasser mit Feuer sich mengt,

◡◡—,◡◡—,◡◡—

Einen fünfhebigen Jambus nennt man Blankvers. Es ist der klassische Vers des englischen wie des deutschen Dramas. Sechs Daktylen pro Zeile ergeben den Hexameter („SechsMaß"). Das griechische Wort weist auf seinen Ursprung in der Antike. Homers „Ilias" und „Odyssee" sind im Hexameter geschrieben. Es sei noch erwähnt, dass in den antiken Sprachen der Vers durch Länge und Kürze der Silben bestimmt ist (quantitierendes Versprinzip), im Deutschen wie in allen germanischen Sprachen durch die Betonung, also Hebung und Senkung der Stimme (akzentuierendes Versprinzip). Einer langen Silbe in den antiken Sprachen entspricht eine betonte Silbe im Deutschen, dementsprechend einer kurzen eine unbetonte. Die kleinste charakteristische rhythmische Einheit des Verses wird auch Versfuß genannt, also ist $\smile$—ein jambischer, —$\smile$ ein trochäischer Versfuß oder kurz ausgedrückt eben ein Jambus bzw. Trochäus.

Ich hoffe, ich habe Sie mit dieser kurzen Vorstellung noch nicht ermüdet. Es gibt noch eine vielleicht verwirrende Vielzahl von weiteren Versfüßen, die jedoch, eher von akademischem Interesse, in unserer deutschen Lyrik eine untergeordnete Rolle spielen und darum in einer Einführung getrost fehlen können. Außerdem können Sie dieses MultiMedia-Buch in Etappen lesen und hören, wie es Ihre Zeit und Ihr Interesse zulassen. Die Schönheit, der Reiz, der Gefallen an einem Gedicht sind auch nicht in diesen Begriffen zu finden. Die lassen sich nur schwer, wenn überhaupt, auf einen Nenner bringen, denn Stimmungen und Vorlieben der Menschen variieren so vielfältig, dass dem einen gerade das gefällt, was die andere kalt lässt oder sogar stört. Aber zur objektiven Beschreibung formaler Merkmale eignen sich Fachtermini hervorragend und dienen damit der intersubjektiven Verständigung. Denn über den Rhythmus eines Verses lässt sich unter allen Sprachangehörigen auch ohne literarisch-sprachwissenschaftliche Kenntnisse allein aufgrund der gemeinsamen muttersprachlichen Kompetenz intuitiv Einigkeit erzielen.

1.2 Reim

Ebenso verhält es sich mit dem zweiten Hauptmerkmal eines Gedichts, dem Reim. Was gleich lautet, ergibt sich durch den Vokalbestand und ist von jedem „native speaker", also jedem Muttersprachler intuitiv erfassbar: alle Wörter, die auf den gleichen Vokal (Selbstlaut, im Deutschen gibt es davon 5: a-e-i-o-u), den gleichen Diphthong (Doppellaut, davon gibt es im Deutschen 3: au - oi (eu) - ai (ei)) sowie auf die deutschen Umlaute ä - ö - ü enden, sind reimfähig. Der Reim gibt dem Text eine künstlerische Brillanz oder sogar Extravaganz, jedenfalls hebt er ihn deutlich ab von normaler ungereimter Rede, macht ihn akustisch eingängiger, leichter zu lernen oder zu behalten und bereitet auf nicht eindeutig bestimmbare Weise ein ästhetisches Vergnügen, vor allem beim Hören. Er befriedigt ein dem Menschen offenbar inhärentes Bedürfnis nach lautlicher Harmonie, nach Wohllaut, und verleiht dem Text in ganz unterschiedlicher Weise Kraft, Präsenz, Prägnanz. So verschieden die verschiedenen Gedichttypen – darauf kommen wir später – so unterschiedlich sind die Wirkungen von Reimen.

Vorab hier zwei Beispiele weit auseinander liegender Reimwirkungen:

KM 21
Christian Morgenstern
https://www.deutschelyrik.de/km-21.html

Wohl kreist verdunkelt oft der Ball

Christian Morgenstern

https://www.deutschelyrik.de/wohl-kreist-verdunkelt-oft-der-ball.html

Im ersten Gedicht sprühen die Verse vor leichtfüßigem Witz, vor übermütigem Schalk, im zweiten kreisen sie um tiefe Fragen menschlicher Existenz. Dabei stammen beide übrigens aus der Feder ein und desselben Dichters, Christian Morgenstern, dessen heiter-burlesker Zyklus Palmström zu seinen beliebtesten Büchern zählt, der aber auch der Schöpfer schwermütig-tiefsinniger Verse gewesen ist.

Also lassen Sie mich Ihnen auch zum Reim und seiner grafischen Darstellung, dem Reimschema einen kurzen Abriss geben. Auch hier hat man sich zur formalen Veranschaulichung auf eine Art der Reimdarstellung von Gedichten geeinigt, die den Reim auf Anhieb grafisch kenntlich macht.

Hänschen klein ging allein	a
In die weite Welt hinein	a
Stock und Hut steh'n ihm gut	b
Ist gar wohl gemut	b
Aber Mama weinet sehr	c
Hat ja nun kein Hänschen mehr	c
'Wünsch dir Glück' sagt ihr Blick	d
'kehr nur bald zurück!'	d
Sieben Jahr, trüb und klar	e
Hänschen in der Fremde war;	e
Da besinnt sich das Kind	f
Eilet heim geschwind	f
Doch nun ist's kein Hänschen mehr	c
Nein, ein großer Hans ist er	c
Braun gebrannt, Stirn und Hand	g
Wird er wohl erkannt?	g
Eins, zwei, drei geh'n vorbei	h
Wissen nicht wer das wohl sei	h
Schwester spricht: 'Welch Gesicht'	i
Kennt den Bruder nicht	i
Kommt daher die Mutter sein	a
Schaut ihm kaum ins Aug' hinein	a
Spricht sie schon: 'Hans, mein Sohn	j
Grüß dich Gott mein Sohn!'	j

Das Reimschema dieses schlichten Kinderreims sieht so aus:

aabbccdd
eeffccgg
hhiiaajj

Also alle gleichen Endreime erhalten fortlaufend denselben Buchstaben. Und diese fasst man analog den Strophen in Gruppen zusammen. Hier entsprechen also drei Gruppen den drei Strophen des Gedichts. Das hat den Vorteil, die Reimgestaltung eines ganzen Gedichts gewissermaßen auf einen Blick grafisch darstellen zu können.

Werfen wir einen Blick auf die gängigsten deutschen Reimschemata:

Paarreim: aabb
Es gibt zwei Sorten Ratten:
Die hungrigen und satten.
Die satten bleiben vergnügt zu Haus,
Die hungrigen aber wandern aus.
(Heine)

Kreuzreim: abab
Sein Blick ist vom Vorübergehn der Stäbe
so müd geworden, daß er nichts mehr hält
Ihm ist, als ob es tausend Stäbe gäbe
und hinter tausend Stäben keine Welt.
(Rilke)

Umarmender Reim: abba
Befiehl den letzten Früchten, voll zu sein;
gib ihnen noch zwei südlichere Tage,
dränge sie zur Vollendung hin, und jage
die letzte Süße in den schweren Wein.
(Rilke)

Haufenreim: aaaa
im anfang war das wort
das nichts wurde zum ort
es nahm das dunkel fort
und wurde heimat, hort
(Stavenhagen)

Schweifreim: aabccb
Der Mond ist aufgegangen,
Die goldnen Sternlein prangen
Am Himmel hell und klar;
Der Wald steht schwarz und schweiget,
Und aus den Wiesen steiget
Der weiße Nebel wunderbar.
(Claudius)

Verschränkter Reim: abc(d) abc(d)
Der Tag ist karg an liebesüßen Wonnen,
Es schmerzt mich seines Lichtes eitles Prangen
Und mich verzehren seiner Sonne Gluten.

Drum birg dich Aug' dem Glanze ird'scher Sonnen!
Hüll' dich in Nacht, sie stillet dein Verlangen
Und heilt den Schmerz, wie Lethes kühle Fluten.
(Günderode)

Zu Rhythmus und Reim ist abschließend hinzuzufügen, dass sie zwar zu den gängigsten Merkmalen der Lyrik zählen, dass sich jedoch im Verlauf des 20. Jahrhunderts experimentelle lyrische Formen entwickelt haben, die sich von Reim und Vers gelöst haben. Dies sind Entwicklungen, die zeitgleich parallel in der Musik mit der Entwicklung der 12-Ton-Musik zur Aufgabe der klassischen Tonarten geführt haben und in der bildenden Kunst zum Verlassen des konkreten Bildgegenstandes zugunsten der abstrakten Malerei.

Doch halten wir zunächst gleichwohl fest:

Gedichte sind, wie wir gesehen/gehört haben, mehrheitlich relativ kurze Texte von hoher Dichte, und Prägnanz, die sich durch eine starke lautliche und/oder rhythmische Formalisierung auszeichnen.

Es gibt eine selbst für den Fachmann unübersehbare Fülle von Fachbegriffen zu Literatur und Lyrik, mit der ich meine kurze Einführung nicht überfrachten will. Die schiere Masse dieser Fachtermini kann einen interessierten Einsteiger leicht abschrecken. Darum ist es mir wichtig, an meine eingangs gemachte Bemerkung zu erinnern: Fachtermini sind kein Selbstzweck, sondern eröffnen Fachleuten aber auch interessierten Laien die Möglichkeit, zu einer verbindlichen Übereinkunft über formale Charakteristika eines Werkes zu gelangen. Persönliche Vorlieben, persönliche „Resonanz" mit einem Werk, mit einem Dichter bleiben davon jedoch unberührt, denn Freude an einem Gedicht ist rein subjektiv, ist ein Prozess, der sich unabhängig von gelehrten Betrachtungen ereignet oder auch nicht. Resonanz ist ein Mitschwingen und verweist weniger auf kognitiv-rationale als auf empathisch-emotionale Bezirke der menschlichen Natur.

Im Gespräch zwischen Faust und seinem Antipoden Wagner legt Goethe Faust folgende ungeduldige Worte an die Adresse trockener Gelehrsamkeit in den Mund:

Wenn ihr's nicht fühlt, ihr werdet's nicht erjagen,
Wenn es nicht aus der Seele dringt
Und mit urkräftigem Behagen
Die Herzen aller Hörer zwingt.

Und dies ist, Sie werden es nun sicher leicht erkennen, ein klassischer Kreuzreim im jambischen Versmaß. Eine umfangreiche Liste mit weiterführenden Hinweisen und Erklärungen finden Sie hier:

http://wortwuchs.net/stichwortverzeichnis/

2. Lyrische Bildsprache

Im vorigen Kapitel habe ich zwei wesentliche Merkmale eines Gedichts vorgestellt, den Vers und den Reim. Bei lyrischen Werken handelt es sich also um „verdichtete" Sprachprodukte, die auf kleinem Raum, in relativer Kürze ihr Thema behandeln. Diese Eigenheit hat natürlich auf die Wahl der sprachlichen Mittel – von den bereits genannten formalen Aspekten abgesehen – einen bestimmenden Einfluss. Kein Gedicht nähert sich seinem Gegenstand in umfassender, alle Aspekte berücksichtigender, ausgewogen neutraler Art und Weise. Ein Gedicht greift sein Thema in dezidiert persönlicher, streng privater Form auf und äußert sich so, selbst zu allgemeinen grundlegenden Menschheitsfragen, immer radikal subjektiv. So greift ein Gedicht immer einen Aspekt heraus und stellt ihn in den Vordergrund. Diese Verknappung hat auch stilistische Konsequenzen. Lyrik, prinzipiell unter dem Diktat der Kürze stehend, hat im Laufe ihrer kulturgeschichtlichen Entwicklung rhetorische Figuren, sprachliche Muster entwickelt, die sich zwar auch in der epischen und dramatischen Gattung finden, im Gedicht jedoch einen besonderen, ja konstituierenden Stellenwert erlangen.

Im Folgenden eine knappe Vorstellung einiger in der Lyrik, aber natürlich nicht nur dort, gebräuchlicher rhetorischer Figuren.

Vergleich
Zwei Gegenstände/Personen werden miteinander mit Hilfe der Vergleichsartikel 'wie' und 'als' verglichen.
Beispiele:

„Sie ist schön wie der junge Morgen." „Er ist schneller als der Wind."

Metapher
Zwei Gegenstände/Personen werden ohne Hilfe der Vergleichsartikel verglichen
Beispiel:
„Er ist ein Löwe, sie ist ein Lamm."

Analogie
Die Analogie ist eine rhetorische Figur, bei der ein Verhältnis zwischen Dingen und Eigenschaften bzw. untereinander oder deren Bewertung durch bekannte, ähnliche oder teilweise identische Verhältnisse erläutert wird.
Beispiele:
„Gleichheit ist die Seele der Freundschaft." (Aristoteles)
„Viele Köche verderben den Brei." (Sprichwort)

Allegorie
Eine konkrete Darstellung eines theoretischen Konzepts, meist mit Hilfe einer Personifikation.
Beispiel:
„Denn wisse: ich bin Hammonia, Hamburgs beschützende Göttin!"
(Heine: Deutschland. Ein Wintermärchen. Caput XXIII)

Symbol
Ein Bild, eine Metapher in prägnanter, akzentuierter Wiederholung innerhalb eines Textes wird auch als Symbol bezeichnet und gewinnt damit sinnbildhafte sinnstiftende Bedeutung.

Beispiel:
Die blaue Blume der Romantik

Gleichnis, Parabel, Fabel
Diese didaktisch-lehrhaften Vergleichsfiguren weisen in ihrer Erzählstruktur über die Lyrik hinaus.

Im Gleichnis wird anhand einer Geschichte eine Maxime, eine Haltung, eine Lehre verdeutlicht. Im Besonderen der konkreten Erzählsituation wird das Allgemeine einer beim Zuhörer beabsichtigten Einsicht veranschaulicht, die „Moral von der Geschicht".
Beispiele:
Die Gleichnisse Jesu im Neuen Testament

Ganz ähnlich liegt es bei der Parabel, die oft als ausführlicheres Gleichnis angesehen wird, während in der Fabel Tiere als Träger menschlicher Eigenschaften fungieren, um auf anschauliche Weise pädagogische, moralische Lehren zu konkretisieren.

Gleichwohl finden sich auch hiervon Beispiele in der älteren deutschen Lyrik:

Die Biene und die Henne
Christian Fürchtegott Gellert
https://www.deutschelyrik.de/die-biene-und-die-henne.html

Parabel
Friedrich Rückert
https://www.deutschelyrik.de/parabel-15465.html

Der Kuckuck und der Esel
Hoffman von Fallersleben
https://www.deutschelyrik.de/der-kuckuck-und-der-esel-14369.html

Ist es Ihnen aufgefallen? Letztlich handelt es sich bei allen angeführten rhetorischen Figuren um einen Vergleich, bzw. um den Vorgang, etwas Gemeintes durch etwas anderes zu ersetzen, um so das beiden Gemeinsame stärker hervortreten zu lassen. Auf dieses beiden Gemeinsame, das Dritte des Vergleichs, das „tertium comparationis" im lateinischen Fachausdruck, zielt jede lyrische, jede literarische, letzten Endes jede künstlerische Äußerung. Es ist der Versuch des Menschen, in vergleichender Betrachtung eines selbst erschaffenen Abbilds von Welt und Wirklichkeit sich seiner Stellung in ihr und somit seiner selbst auf spielerische Weise zu vergewissern. Es handelt sich im Grunde also um ein Spiel, mit Worten in der Lyrik (Literatur), mit Tönen in der Musik, mit Farben und Formen in der bildenden Kunst.

In Schillers Worten:
„Der Mensch spielt nur, wo er in voller Bedeutung des Worts Mensch ist, und er ist nur da ganz Mensch, wo er spielt."
(„Über die ästhetische Erziehung des Menschen" 1801)

3. Interpretation

Dieser Begriff hat interessanterweise zwei verschiedene Bedeutungen: Zunächst bezeichnet er etwas, was über ein Werk gesagt oder geschrieben werden kann, um es zu erklären. Übrigens in Bezug auf jedes Kunstwerk, egal ob bildende Kunst, Musik oder Literatur. Und er steht für die Tätigkeit, ein Werk als darstellender oder ausführender, also reproduzierender Künstler aufzuführen. Alle musikalischen sowie literarischen Werke sind aus- bzw. aufführbar, wie ich bereits weiter oben gezeigt habe. Werke der bildenden Kunst als abgeschlossene, statische Gebilde naturgemäß nicht.

Natürlich ist beiden Bedeutungen der Versuch, ein Werk zu erfassen und zu deuten, gemeinsam, einmal theoretisch und einmal prakisch.

3.1 Die Analyse

Vorab, ich bin grundsätzlich Anhänger der Vorstellung, Kunst müsse aus sich selbst heraus wirken können, ohne äußere Hilfestellung, Erklärung, Deutung. Und doch, ich habe es im Lauf der Zeit selbst erlebt, auch dankbar erfahren: es gibt verschlüsselte, enigmatische Werke, die sich mir nicht auf Anhieb erschlossen haben, die mir zunächst unzugänglich, ja abweisend erschienen und die sich mir nach einfühlsamen Hinweisen, nach unaufdringlichen Erläuterungen von Berufenen Stück für Stück gleichsam öffneten. Bei Sprachkunstwerken spielen biografische, historische, literarische Bezüge oftmals eine Schlüsselrolle und so kommt es, dass nicht nur der Autor in seinem Werk, sondern ebenso der Leser in seiner Lektüre im Laufe der Zeit seine Kenntnis und sein Verständnis mit etwas Glück weiterentwickelt und vervollkommnet. Hierbei können Anregungen und Erläuterungen eine wichtige Rolle spielen. Ein Kunstwerk kennen und vielleicht schätzen lernen, gleichsam in sich aufnehmen, ist immer ein Prozess, der sich innerhalb der Zeit abspielt und dem eigene Entwicklungsschritte zugeordnet sind: Eigene Reifung kann zu vertieftem Verstehen der Dichtung führen und umgekehrt können Dichterworte wegweisend für die persönliche Entwicklung des Lesers/Hörers werden. Es handelt sich also um einen reziproken Vorgang. Mit dem programmatischen Titel seines Buches „Die Kunst der Interpretation" sprach der Schweizer Germanist und Literaturwissenschaftler Emil Staiger (1908 – 1987) auch der Interpretation eines Kunstwerks künstlerischen Rang zu.

Im Garten der deutschen Poesie blühen viele Blumen, mit den verschiedensten Farben, Formen und Düften. Ich maße mir keineswegs ein Rangurteil an, wenn ich sage, dass AutorInnen wie Kaléko, Kästner, Tucholsky leichter zu verstehen sind als etwa Bachmann, Celan, Benn, und unter den Älteren Claudius, Eichendorff, Heine einfacher als manche Barockgedichte, Hölderlin oder der späte Goethe. Allein der zeitliche Abstand älterer Texte erschwert das Verständnis gelegentlich, da sich in ihnen mitunter Anspielungen oder Vergleiche finden, die dem Leser der Epoche geläufig waren, sich uns Heutigen jedoch nicht mehr auf Anhieb erschließen. Auch der Wortbestand der Sprache verändert sich, sodass manche alten Ausdrücke schon einer Übersetzung bedürfen. Hier hat Analyse, die einen Text historisch, biografisch, semantisch einordnet und erklärt, ein reiches Betätigungs-feld, um interessierten heutigen Lesern den Zugang zu erleichtern, vielleicht erst zu ermöglichen. Mancher, der sich für Literatur, insbesondere Lyrik mehr als nur oberflächlich interessiert, hat schon einmal die erhellende, Augen öffnende Wirkung eines einfühlsamen, klugen Kommentars erfahren, mit dem sich ein neues, vertieftes Verständnis einstellen kann.

Doch auch hier genug der Theorie, die folgenden Zeilen des ehemaligen „Literaturpapstes" Marcel Reich-Ranicki, die er seinerzeit zu Goethes Gedicht „Alles geben die Götter" in der FAZ geschrieben hat, sollen in exemplarischer Kürze verdeutlichen, was Interpretation leisten kann. Diese Verse Goethes gehören sicher nicht zu seinen schwierigsten, trotzdem, scheint mir, tragen Reich-Ranickis Zeilen zum besseren Verstehen wesentlich bei.

http://www.faz.net/aktuell/feuilleton/buecher/frankfurteranth ologie/marcel-reich-ranicki-in-der-frankfurteranthologie-alles-geben-die-goetter-von-johann-wolfgangvon-goethe-12603935.html

Alles geben die Götter
Johann Wolfgang von Goethe
https://www.deutschelyrik.de/alles-geben-die-goetter-1777.html

3.2 Die Aufführung

Kommen wir nun zum zweiten Aspekt von Interpretation, der Ausführung bzw. Aufführung eines Werks. Hier ergibt sich, wie jeder weiß, für Musiker, Sänger, Schauspieler, Regisseure ein reiches, kaum auszulotendes Betätigungsfeld. Ein einzelner, und sei er auch vom Fach, kann z.B. kaum die Mozart-Interpretationen der letzten Jahrhunderte überblicken oder die Deutungen von Shakespeare, um stellvertretend zwei Große zu nennen. So ist auf dem Feld der Literatur und in unserem Fall der Lyrik mit der rasanten Entwicklung der technischen Möglichkeiten, Aufführungen zu konservieren, ein gigantischer, unüberschaubarer Fundus unterschiedlichster Deutungen angewachsen.

Und so versteht sich fast von selbst, dass es auf dem Gebiet auch keineswegs ohne Kontroversen abgehen kann, denn wenn in der Musik zumindest Tonhöhe, Tonlänge, Tonart, Rhythmus und das Tempo mehr oder weniger festgelegt sind, so ist in reinen Sprachkunstwerken der „Spielraum" erheblich größer und Auffassungen über die gute, die richtige, die gültige deutende Darbietung differieren häufig heftig, wie jeder, der sich im Kulturbetrieb etwas auskennt, weiß. So kommen auch Kritiker seit eh und je zu gegensätzlichen, gelegentlich sich diametral widersprechenden Urteilen. Außerdem entwickeln sich im Laufe längerer Zeiträume, einhergehend mit dem sich wandelnden Zeitgeist verschiedener historischer Epochen, neue Sicht- und Hörweisen, mit denen ein und derselbe Text wahrgenommen wird. Hier handelt es sich um das eigenständige, teilweise faszinierende Gebiet der Rezeptionsgeschichte, die sich mit den unterschiedlichen Rezeptionen eines Autors befasst, sie darstellt, vergleicht und gewichtet. Das ist jedoch ein Seitenthema, auf das ich im Rahmen dieser Einführung nicht weiter eingehen kann.

Doch ein Wort in eigener Sache sei mir hier gestattet. Ich denke, es wäre unehrlich zu verschweigen: Ich bin Partei. In über 60 Jahren meines Berufslebens habe ich mich als Schauspieler, Regisseur, Sänger, als Kabarettist und nicht zuletzt als Sprecher/Rezitator durch alle Etappen meiner Entwicklung vor allem um eines bemüht: Werktreue. Dieser ominöse, viel geschmähte Begriff hat für mich nichts von seiner Bedeutung eingebüßt, bleibt für mich grundsätzlich gültig.

Ob es sich nun um einen mehrstündigen Theaterabend mit Dutzenden Mitwirkenden handelt oder um die Rezitation eines Minutengedichts durch einen einzigen Vortragenden – bei ausnahmslos jeder Aufführung eines Werks gilt es, zwischen zwei Polen zu vermitteln: zwischen der Intention des Urhebers und der des Interpreten. Und für mich bleibt die vornehmste Aufgabe jeder Deutung, insbesondere zeitlich weit zurückliegender klassischer oder antiker Stoffe, herauszufinden, welche „Be-deutung" dieser Text, dieses Werk für uns Heutige haben kann. Es handelt sich also um einen Akt der Vermittlung, letztlich um einen Dienst, den der Interpret mit seiner Darbietung sowohl dem Autor als auch dem Publikum erweist. Das schließt keineswegs kühne, ungewohnte Einfälle, nicht einmal Tabu- und Traditionsbrüche aus, sofern sie erkennbar dem ehrlichen Bemühen entspringen, das Werk dem Publikum nahe zu bringen. Für mich bedeutet Werktreue keine langweilige Einfallslosigkeit, sondern die radikale Suche nach der überzeitlichen Aktualität eines Stoffs, ohne sich aktuellen Modetrends anzubiedern.

Denn wenn sich der Interpret bei seiner Suche nach dem passenden Ausdruck nicht mehr dem Werk verpflichtet fühlt, dann ist der Beliebigkeit, eitler Effekthascherei und leerer Attitude Tür und Tor geöffnet. Mir ist es von Anbeginn meiner künstlerischen Laufbahn immer eher darum gegangen, Darsteller als Schauspieler zu sein. Etwas in Wort und Spiel, im „Wortspiel", darzustellen, zu verdeutlichen, begreiflich zu machen und damit im besten Fall, wie Shakespeare es in Hamlets Rede an die Schauspieler ausdrückt, „der Natur gleichsam den Spiegel vorzuhalten; der Tugend ihre eignen Züge, der Schmach ihr eignes Bild, und dem Jahrhundert und Körper der Zeit den Abdruck seiner Gestalt zu zeigen."

https://www.deutschelyrik.de/hamlets-rede-an-die-schauspieler.html

Vor Jahrzehnten fand ich in einer Theaterkritik der New York Times einmal ein Bonmot, das es auf den Punkt bringt: „Wir wollen nicht sehen, was Peter Hall mit Shakespeare macht, wir wollen vielmehr sehen, was Shakespeare mit Peter Hall macht."

Diese Auffassung vertrete ich auch in meiner 1968 geschriebenen Kritik einer Berliner Zadek-Inszenierung. https://www.fritzstavenhagen.de/files/pdf_word/theaterkritik _gerettet.pdf

Ebenso in meinem 1978 geschriebenen Aufsatz zur Theaterregie. https://www.fritzstavenhagen.de/files/pdf_word/regiekonzep tion_andorra.pdf

Ich war selbst ein wenig überrascht, bei nochmaliger Lektüre der Texte festzustellen, wie meine Haltung über Jahrzehnte hinweg – abgesehen von Unterschieden im Tonfall – bis in die Wortwahl unverändert geblieben ist. Zurückblickend leuchtet mir heute ein, warum ich mir mit meinen dezidierten Urteilen zu manchen damals wie heute herrschenden Auffassungen von Theater nicht immer Freunde gemacht habe. Tempi passati.

Doch genug der Abschweifungen und gehen wir in medias res. Hier haben Sie nun die Möglichkeit, mit Hilfe der bereitgestellten Links mit nur einem Klick unterschiedliche, ja gegensätzliche Interpretationen anzuhören und zu vergleichen. Das Feld ist unermesslich groß, darum kann dies nur eine ganz persönlich gefärbte Auswahl sein. Allerdings habe ich mein besonderes Augenmerk darauf gerichtet, gerade gegensätzliche Stimmen im wörtlichen Sinne zu Wort kommen zu lassen. Denn vor allem in der Gegenüberstellung werden unterschiedliche Intentionen deutlich. Ich hoffe, Sie werden weitere Vergleiche auf eigene Faust anstellen.

Goethe

Der Gott und die Bajadere
Gert Westphal
https://www.youtube.com/watch?v=bh1qrWSIK6M&t=58s
Sandra Hüller
https://www.youtube.com/watch?v=duunioF5Egw
Fritz Stavenhagen
https://www.deutschelyrik.de/der-gott-und-die-bajadere.html

Der Zauberlehrling
Ulrich Tukur
https://www.youtube.com/watch?v=mNxltumMxbc&t=9s
Klaus Kinski
https://www.youtube.com/watch?v=E2SOGCbXD5M
Oskar Werner
https://www.youtube.com/watch?v=RmXV5fzKd4k

Fritz Stavenhagen/
https://www.youtube.com/watch?v=1P4_fs-RS80&t=60s

Erlkönig
Fritz Stavenhagen
https://www.youtube.com/watch?v=kgc6Pv1HKY&list=RDkgc6-Pv1HKY&start_radio=1
Otto Sander
https://www.youtube.com/watch?v=XubROUSlq8k
Walter Schmidinger
https://www.youtube.com/watch?v=2H4esnRHmM0&pbjreload=10

Willkommen und Abschied
Jürgen Goslar
https://www.youtube.com/watch?v=u_7b2kQxYW8
Fritz Stavenhagen
https://www.deutschelyrik.de/willkommen-und-abschied.html

Gretchen am Spinnrad
Susanne Lothar
https://www.youtube.com/watch?v=pPd_7UkkSGI&t=5s

Schiller

Die Bürgschaft
Oskar Werner

https://www.youtube.com/watch?v=6zSOg4zB9Uo&t=10s
Fritz Stavenhagen
https://www.deutschelyrik.de/die-buergschaft.html

Der Taucher
Oskar Werner
https://www.youtube.com/watch?v=Krzreb1CuJM
Fritz Stavenhagen
https://www.youtube.com/watch?v=cwK0mTv-mcw

Der Handschuh
Klaus Kinski
https://www.youtube.com/watch?v=mosSQWaRX0g
Fritz Stavenhagen
https://www.deutschelyrik.de/der-handschuh.331.html

Das verschleierte Bild zu Sais
Jürgen Goslar
https://www.youtube.com/watch?v=LJ0mi8pzfHc
Fritz Stavenhagen
https://www.deutschelyrik.de/das-verschleierte-bild-zu-sais-1795.html

Hölderlin

O Ende meiner Zeit
Matthias Wiemann
https://www.youtube.com/watch?v=ZGovPtRHgiw&t=31s

Die Liebe
Matthias Wiemann

https://www.youtube.com/watch?v=Hx5X8xRQbl0&t=4s
Fritz Stavenhagen
https://www.deutschelyrik.de/die-liebe-14738.html

An die Parzen
Matthias Wiemann
https://www.youtube.com/watch?v=jWvc6MifP7k
Fritz Stavenhagen
https://www.deutschelyrik.de/an-die-parzen.324.html

Eichendorff

Mondnacht
Christian Brückner
https://www.youtube.com/watch?v=sm3aISb-Qyc
Fritz Stavenhagen
http://youtu.be/weasADh-eAA
Clemens von Ramin
http://youtu.be/eLT1Uo2m0O8
Dieter Mann
http://youtu.be/ZTNIHVsxJyw
Reiner Unglaub
https://www.youtube.com/watch?v=FUYhAbttUOA

Hebbel

Ich und Du
Jürgen Goslar
https://www.youtube.com/watch?v=bY7_DwqBtYY
Fritz Stavenhagen
https://www.deutschelyrik.de/ich-und-du.html

Heine

Waldeinsamkeit
Oskar Werner
https://www.youtube.com/watch?v=v4UU9E7OOx4

Fritz Stavenhagen
https://www.deutschelyrik.de/waldeinsamkeit-1851.html

Der Schiffbrüchige
Klaus Maria Brandauer
https://www.youtube.com/watch?
v=PU2nnmLRHIQ&t=188s
Fritz Stavenhagen
https://www.deutschelyrik.de/der-schiffbruechige.html

Das Hohelied
Martin Held
https://www.youtube.com/watch?v=TbvcCJ42vmI
Fritz Stavenhagen
https://www.youtube.com/watch?v=0WcuzSzVKMs

Hesse

Im Nebel
Otto Sander
https://www.youtube.com/watch?v=Bx4Bd9riRSY
Fritz Stavenhagen
https://www.deutschelyrik.de/im-nebel.html

Hofmannsthal

Vorfrühling
Will Quadflieg
https://www.youtube.com/watch?v=lA_yFezTJE4
Fritz Stavenhagen
https://www.deutschelyrik.de/vorfruehling.html

Kästner

Der März
Heinz Rühmann
https://www.youtube.com/watch?v=Yl_AX89nemk&t=6s
Fritz Stavenhagen
https://www.deutschelyrik.de/der-maerz.html

Der Juli
Heinz Rühmann
https://www.youtube.com/watch?v=FkAvmSjoXa4
Fritz Stavenhagen
https://www.deutschelyrik.de/der-juli.html

Ein Mann gibt Auskunft
Hermann Lause
https://www.youtube.com/watch?v=gZ0ej3tcoF8
Fritz Stavenhagen
https://www.youtube.com/watch?v=MT9tbqQ7ZLI

Verdun, viele Jahre später
Oskar Werner
https://www.youtube.com/watch?v=WqeigimXsk0
Fritz Stavenhagen
https://www.youtube.com/watch?v=lx1Lb5nu07k

Kaléko

Rezept
Fritz Stavenhagen
https://www.deutschelyrik.de/rezept.html

Bescheidene Anfrage
FritzStavenhagen
https://www.deutschelyrik.de/bescheidene-anfrage.html

Elegie für Steven
FritzStavenhagen
https://deutschelyrik.de/kaleko/elegie-fuer-steven-1969.html

Lasker-Schüler

Orgie
Fritz Stavenhagen
https://www.deutschelyrik.de/orgie.html

Aus der Ferne
Maria Becker
https://www.youtube.com/watch?v=7KZ0gL-FhDA

Meyer

Die Füße im Feuer
Gert Westphal
https://www.youtube.com/watch?v=W0kxIXXijuo
Fritz Stavenhagen
https://www.deutschelyrik.de/die-fuesse-im-feuer.html

Rilke

Der Panther
Fritz Stavenhagen
https://deutschelyrik.de/der-panther.461.html
Anna Thalbach
http://youtu.be/ciWEE7mapfI
Ulrich Tukur
http://youtu.be/SEgKNtvPt3k
Will Quadflieg
http://youtu.be/yaXCvQJDbIA
Gert Westphal
http://youtu.be/i_mxca_bwG4
Jürgen Hentsch
http://youtu.be/10FRoGDoWHk

Liebeslied
Oskar Werner
https://www.youtube.com/watch?v=3OXiUnGtVV4&t=11s
Fritz Stavenhagen
https://www.deutschelyrik.de/liebeslied.html

Storm

Über die Heide
Jürgen Goslar
https://www.youtube.com/watch?v=jZd4MU6jnzE

Fritz Stavenhagen
https://www.deutschelyrik.de/ueber-die-heide.html

Trakl

Gesang zur Nacht
Oskar Werner
https://www.youtube.com/watch?v=ljccIdMT4lw

Fritz Stavenhagen
https://www.deutschelyrik.de/gesang-zur-nacht.html

Tucholsky

Drei Minuten Gehör
Oskar Werner
https://www.youtube.com/watch?v=3v8YveHPFoA
Fritz Stavenhagen
https://www.deutschelyrik.de/drei-minuten-gehoer-1922.html

Kerr

In meiner Heimat
Martin Held
https://www.youtube.com/watch?v=xDCykI0roMM
Fritz Stavenhagen
https://www.deutschelyrik.de/in-meiner-heimat.html

Wilde

Der glückliche Prinz

Christian Brückner
https://www.youtube.com/watch?v=k3g65l3fGQM

Fritz Stavenhagen
https://www.deutschelyrik.de/der-glueckliche-prinz.html

4. Gattungen

Im Laufe unserer Betrachtungen habe ich verschiedene Beispiele vorgestellt, um verschiedene Aspekte des Begriffs sowie des Gebietes Lyrik zu veranschaulichen. Und habe dabei auf sehr unterschiedliche Gedichtarten, Gedichttypen zurückgegriffen. Diesen verschiedenen Gedichtklassen wollen wir uns jetzt ein wenig zuwenden. Man hat dafür den Begriff Gattung gewählt. Dieser Begriff wird in der Literaturwissenschaft nicht einheitlich verwendet und ist somit tendenziell unscharf. Die klassische Gattungseinteilung der Literatur in Epik, Dramatik und Lyrik lässt sich durch Untergattungen fortsetzen. In der dramatischen Dichtung etwa Tragödie, Kömödie, in der epischen Roman, Novelle, Kurzgeschichte und in der lyrischen Hymne, Elegie, Sonett. Es ließen sich weitere Unterformen formulieren, für die Lyrik z.B. das Liebesgedicht. Hier stoßen wir jedoch auf eine erste begriffliche Schwierigkeit. Die angeführten Gattungen und Untergattungen sind ausschließlich formal definiert, d.h. durch formale Aspekte ihres Aufbaus. Die darunter befindliche Ebene jedoch, beispielsweise das Liebesgedicht, ist rein inhaltlich terminiert. Für sie erscheint die Bezeichnung Typ zweckmäßig. Gleichgültig, in welchem Versmaß oder Reimschema, ein Liebesgedicht bemisst sich ausschließlich an seinem Thema der Liebe. So ist hier eine feine – und möglicherweise nicht gänzlich widerspruchsfreie – Kategorisierung vorgeschlagen.

Die in meiner AudioAnthologie genutzten weiteren Kategorien: Jahreszeiten, Natur, Tag und Nacht, Gedankenlyrik, Humor, Kindergedichte, wären in dieser skizzierten Systematik also allesamt auf den Inhalt bezogene Typklassen von Gedichten. Allerdings mit Ausnahme der Balladen.

Wir sprechen von Liebes- und Naturgedichten, deren Bedeutung sich allein aus ihrer Bezeichnung erschließt. Der Naturlyrik habe ich noch die Themenbereiche Jahreszeiten und Tag und Nacht als differenzierende Aspekte des Komplexes Natur hinzugefügt. Und für das weite Feld der Lyrik, die sich mit ethischen, moralischen, philosophischen Fragen befasst, hat sich der Begriff Gedankenlyrik eingebürgert, wofür ich ursprünglich den Titel „Wort und Sinn" gebraucht habe.

Balladen, deren Name ursprünglich auf den Rhythmus eines Tanzlieds verweist, deren Bedeutung sich später auf den musikalisch begleiteten Vortrag einer Geschichte verschob und in der deutschen Klassik sich zur Erzählung einer dramatischen Begebenheit in Versform entwickelte, fallen aus dem rein thematisch terminierten Typschema heraus. Denn es gibt keine Thematik, die spezifisch „balladisch" ist. Balladen können den dargestellten Gegenstand ernsthaft, humoristisch oder ironisch behandeln. Sie erzählen in knapper und konzentrierter Form eine Geschichte, die szenisch dargeboten wird. Häufig treten in einer Ballade mehrere Sprecher auf und Teile der Handlung werden dialogisch in wörtlicher Rede wiedergegeben.

Für die verspielte, burleske Verskunst bietet sich der Begriff Humor an und ein weiterer Gedichttyp wären die Kinderverse. In diesen zugegeben „eigenmächtigen" Zuordnungen sortiere ich meine Lyriksammlung kategorial nach ihren Themenkreisen.

5. Die literarischen Epochen

Wenden wir uns nun dem Längsschnitt der historischen Entwicklung der Lyrik zu, ihrem durch die Jahrhunderte sich wandelnden Themenkreis und Formenkanon, Entwicklungen und Wandlungen, die sich in enger Wechselwirkung mit geschichtlichen Ereignissen vollzogen haben und die neben der Auskunft über Leben und Werk der einzelnen AutorInnen gleichzeitig als ein Spiegel der Zeit Aufschluss über den herrschenden Zeitgeist historischer Epochen geben.

5.1 Mittelhochdeutsch 1050 – 1350

Mittelhochdeutsch (Mhd.) ist die Bezeichnung für eine ältere Phase der deutschen Sprache etwa zwischen 1050 und 1350. Dem Mittelhochdeutschen geht voran das Althochdeutsche (Ahd.) (etwa 750 bis 1050), von etwa 1350 bis 1650 spricht man von Frühneuhochdeutsch (Frnhd.). Mittelhochdeutsch ist vor allem als Sprache der Literatur überliefert; der alltägliche Sprachgebrauch schlug sich noch kaum in Schriftzeugnissen nieder. Zu den bekanntesten mittelhochdeutschen Dichtungen gehören das Nibelungenlied, der „Parzival" des Wolfram von

Eschenbach, der „Tristan" Gottfried von Straßburgs, die Gedichte des <u>Walther von der Vogelweide</u> sowie der Minnesang.

Das Mittelhochdeutsche unterscheidet sich vom Althochdeutschen insbesondere durch die Neben- bzw. Endsilbenabschwächung. Vom Neuhochdeutschen ist das Mittelhochdeutsche vor allem durch den Vokalismus der Stammsilben unterschieden; anders als das Neuhochdeutsche weist das Mittelhochdeutsche Kurzvokale in offener Tonsilbe auf, die zum Neuhochdeutschen hin durch die Dehnung in offener Tonsilbe beseitigt worden sind.

Mittelhochdeutsch meint nicht eine Hochsprache (im Gegensatz zur Umgangssprache), sondern ist als Gegenbegriff zum Mittelniederdeutschen zu verstehen und umfasst demnach die Sprache aller mitteldeutschen (thüringisch, hessisch, rheinfränkisch) und oberdeutschen Regionen (alemannisch, bairisch). Das Mittelhochdeutsche war keine überregional einheitliche Sprache wie das Schrift-Neuhochdeutsche, sondern war ebenso wie das heute gesprochene Deutsch gekennzeichnet durch starke regionale bzw. dialektale Unterschiede. Auch eine einheitliche Orthographie gab es im Mittelalter noch nicht. Für die Textausgaben der wichtigen mittelhochdeutschen Dichtungen, für Wörterbücher und Grammatiken wird das im Wesentlichen auf Karl Lachmann zurückgehende „normalisierte Mittelhochdeutsch" oder „Normalmittelhochdeutsch" verwendet, eine Idealform des Mittelhochdeutschen, die nur einen kleinen Ausschnitt der damaligen sprachlichen Realität wiedergibt.

Zu den bedeutendsten AutorInnen gehören <u>Walther von der Vogelweide</u>, Wolfram von Eschenbach, Gottfried von Straßburg, Meister Eckhart, Hartmann von Aue, Hildegard von Bingen, allesamt Angehörige des Adels und des Klerus. Die Rezeption dieser höfischen Literatur war auf die Oberschicht begerenzt. Es handelt sich um eine Epoche ausschließlich höfischer Literatur. Der überwiegende Teil des Volkes konnte damals weder lesen noch schreiben.

5.2 Barock 1600 – 1720

Der (das) Barock als Epoche umfasst grob gesprochen das 17. Jahrhundert. Er deckt sich nicht mit dem Stilbegriff Barock, der im Sprachkunstwerk Formenreichtum und -fülle bedeutet (Antithetik, Häufung, Pointierung, Wortspiele, Gleichnisse). Viele, aber nicht alle Dichter, die in der Epoche geschrieben haben, bedienen sich dieser Stilelemente. (Sie fehlen z. B. bei der gesamten Volksdichtung.) Der Barockstil im engeren Sinne ist auf ausländische Einflüsse zurückzuführen, besonders auf die aus dem Romanischen (aus Italien, Spanien, Portugal, Frankreich); daraus erklärt sich seine besonders nachhaltige Wirkung auf die Kunst Österreichs und des südlichen Deutschlands.

Eine enge Verbindung besteht zur vorausgehenden Epoche. Zunächst wird noch die neulateinische Dichtung gepflegt. Im protestantischen Nord- und Mitteldeutschland verliert diese schnell an Boden zugunsten der deutschsprachigen, während sie sich im katholischen Bayern und Österreich noch lange hält (Jesuitendrama).

Die geistige Grundlage des Barock ist trotz aller Verbindung völlig anders als die der Renaissance. Nicht mehr Optimismus, sondern Pessimismus prägt das Lebensgefühl.

Die Zeitereignisse (Dreißigjähriger Krieg 1618 bis 1648) haben den mittelalterlichen Dualismus zwischen Diesseits und Jenseits wiederbelebt und zu einer vertieften Frömmigkeit geführt, deren Hauptelement die Vergänglichkeitsstimmung ist, die Vanitas-Skepsis: „Vanitas! Vanitatum Vanitas!" (Gryphius)

Die bevorzugten Gattungen des Barock sind solche, die sich durch Formenreichtum und -strenge auszeichnen. Das Sonett ist die beliebteste in der Lyrik. Es verlangt mit der Reimgleichheit der beiden Quartette und der Gebundenheit der Terzette eine außerordentliche Beherrschtheit und Treffsicherheit der poetischen Mittel.

Das Sonett erreicht nach heutiger Meinung seine höchste Ausformung bei Andreas Gryphius, dessen Gedichte von der Vergänglichkeitsidee beherrscht sind; dem Geschmack der Zeitgenossen entsprachen mehr galante Dichter wie Christian Hoffmann von Hoffmannswaldau. Weitere Vertreter des litararischen Barock: Martin Opitz, Paul Gerhardt, Paul Fleming.

Ebenfalls einen bedeutenden Beitrag zu dieser Gattung leisten die Sonette William Shakespeares, die auch 400 Jahre nach ihrer Entstehung in der Englisch sprechenden Welt ihren herausragenden Rang bewahrt haben und die bis in unsere Zeit zahllose Übersetzer zu Nachdichtungen in anderen Sprachen herausgefordert haben.

5.3 Aufklärung 1720 – 1785

Das Zeitalter der Aufklärung im 18. Jahrhundert wird heute als Beginn der Moderne betrachtet. Als die fortschrittlich

gesinnten Gelehrten und Schriftsteller des frühen 18. Jahrhunderts für die neue Geistesbewegung einen Namen suchten, der auch von nicht Gebildeten verstanden werden konnte, bot sich ihnen das Verb aufklären als Vergleichswort an. Wie das Licht der Sonne die Dunkelheit vertreibt und alles deutlich erkennbar macht, aufklärt, so sollte das helle Licht der Vernunft die Finsternis des Aberglaubens, der blinden Untertänigkeit, der Unduldsamkeit und dumpfen Triebhaftigkeit besiegen. Um die Mitte des Jahrhunderts war das damals neu gebildete Nomen Aufklärung bereits zu einem Schlagwort geworden.

Entscheidend für die Aufklärung war die Bildung einer neuen sozialen Schicht, nämlich des Bürgertums, das durch Handel, Bankgewerbe und durch das eben erst aufkommende Industriewesen zu Reichtum gelangte und dadurch soziales Prestige entwickelte. Das System des Feudalismus stellte sich als überholt heraus, außerdem fühlte sich das neue Bürgertum durch literarische Bildung und moralische Lebensgrundsätze dem Adel überlegen. Von diesem Standpunkt aus forderten die politisch einflusslosen Bürger eine Mitbeteiligung im Staatswesen, die nach harten Auseinandersetzungen gewährt oder erzwungen wurde. Dabei berief sich das Bürgertum auf die Aufklärung.

Die Aufklärung war eine gesamteuropäische Bewegung, die zwar von den verschiedenen Vertretern unterschiedlich aufgefasst wurde, ihre wesentlichen Grundsätze waren jedoch allen gemeinsam: die Berufung auf die Vernunft als Maßstab des persönlichen und gesellschaftlichen Handels, Hinwendung zum Diesseits – man ließ sich nicht mehr damit abspeisen, dass man für seine Mühen und Qualen erst im Jenseits belohnt wird, und dort ein besseres Leben führen wird, während der Adel dies schon zu Lebzeiten besitzt – , positives Menschenbild, Gleichheit aller Menschen, Einforderung der Menschenrechte für alle Menschen, Religionskritik, vor allem am Einfluss der Kirche auf die Erziehung.

Wichtig wurde auch die Entwicklung neuer Denkweisen, die in zwei philosophischen Richtungen Gestalt annahmen, im französischen Rationalismus und dem englischen Empirismus. Zusätzlich wurde der alte Gedanke des Naturrechts wieder aufgenommen und neu durchdacht. Er führte zu der Auffassung, dass jeder Mensch von Natur aus bestimmte, „natürliche" Rechte besitze. Obwohl die Aufklärung eine gesamteuropäische Entwicklung war, hatte sie nicht überall den gleichen Erfolg. Einen großen hatte sie in Frankreich, wo sie durch die neu begründete Lehre vom Staat (Gewaltentrennung), unmittelbar in eine sozialpolitische Veränderung (französische Revolution) mündete.

Ein ebenfalls wichtiger Standpunkt für die Aufklärung war die Forderung nach Toleranz, die der Religion als auch der Erziehung zum Ziel gesetzt wurde. Der Erziehung widmeten die Aufklärer ihre besondere Aufmerksamkeit, da sie die Ansicht vertraten, dass nur Bildung und Erziehung die Menschheit voranbringen könne.

Die Literatur war deshalb besonders wichtig für die Aufklärung, um die neuen Ideen und Denkanstöße zu verbreiten. Sie versuchte hauptsächlich, auf die damals sehr begrenzte Zahl von lesenden Bürger einzuwirken, und hatte dabei außer gegen die Zensur des Adels vor allem mit der Tatsache zu kämpfen, dass der Großteil der Bevölkerung gar nicht lesen konnte. Dennoch wurde die Aufklärung eine geistige Bewegung, die Grundsätze schuf, die über die amerikanische Unabhängigkeitserklärung von 1776 und die französische Revolution von 1789 bis zur allgemeinen Erklärung der Menschenrechte in der Charta der Vereinten Nationen von 1948 reichen. Obwohl von allen Mitgliedsstaaten formal anerkannt und somit universell gültig werden diese Rechte heute immer noch in vielen Teilen der Welt mit Füßen getreten und befinden sich in jüngster Zeit sogar auf dem Rückzug.

Die höfisch geprägte Literatur des 17. Jahrhunderts war durch Volksferne, Realitätsverlust, Künstlichkeit und Motivarmut gekennzeichnet. Sie sprach deswegen mit ihren „Haupt- und Staatsaktionen", verwirrenden Helden- und Schäferromanen und ihren schwülstigen erotischen Gedichten immer weniger Menschen an und wurde allmählich ersetzt. Die Fürsten entließen ihre Hofpoeten und Hofdichter, stattdessen wurden in den großen Handelsstädten, die sich neben den Höfen zu Kulturzentren entwickelten, neue eigenständige literarische Gesellschaften gegründet. Statt eines fürstlichen Mäzens traten nun Bürgerliche als Geldgeber auf, die literarische Werke in Auftrag gaben, die dem Sinn der Aufklärung entsprachen. Demzufolge sollte die Literatur den Zweck erfüllen, Menschen zu bilden, zu erziehen, aber auch zu unterhalten.

Dafür musste der Dichter ein gelehrter Mann sein, sich an Regeln halten und sich selbst durch den Verstand kontrollieren. Die verschiedenen literarischen Gattungen wurden streng getrennt. Im Mittelpunkt der Dichtung standen Menschen, die sich durch ihren Willen und ihre Vernunft zu vollkommeneren Wesen entwickelten, so wie die Aufklärer es sich vorstellten. Nicht mehr das Lob des Fürsten und die Unterhaltung der höfischen Gesellschaft, sondern die Würdigung des bürgerlichen Lebens und die Aufklärung des bürgerlichen Lesers standen im Mittelpunkt der neuen Dichtung. Daher herrschten das Lehrgedicht, die Fabel und satirische Darstellungen vor. Sehr beliebt waren auch der Reise- und später der Familienroman. Auch der Aphorismus wurde in der Aufklärung eine verbreitete literarische Ausdrucksform.

Träger der Literatur waren die akademisch Gebildeten aus dem dritten Stand, besonders Theologen, Sprachgelehrte und Schulmänner. Viele Schriftsteller lösten sich aus der finanziellen Abhängigkeit von den Fürsten und lebten als freie Schriftsteller, wie zeitweilig zum Beispiel Gotthold Ephraim Lessing und Friedrich Gottlieb Klopstock. Doch konnte am Anfang des 18. Jahrhunderts der Großteil der Bevölkerung weder lesen noch schreiben, und die wenigen Bürger, die es konnten, beschränkten ihre Lektüre auf die Bibel und sonstige religiöse Schriften. Noch um 1770 konnten nur 15 % der Bevölkerung lesen, gegen 1800 waren es 25 %. Der Kreis derer, die schöne Literatur lasen, war natürlich noch klein. Es musste daher erst ein Lesepublikum und damit eine literarisch interessierte Öffentlichkeit geschaffen werden, um die erwünschten Wirkungen erzielen zu können

5.4 Empfindsamkeit 1740 – 1790

Die Empfindsamkeit ist eine Strömung, die aus der literarischen Epoche der Aufklärung erwachsen ist. Inhaltlich stellt sie den vernünftigen sowie rationalen Ansätzen der Aufklärung das Sentimentale und Empfindsame zur Seite. Die Empfindsamkeit ist jedoch nicht als Gegenbewegung, sondern eher als Ergänzung der aufklärerischen Ideen zu verstehen. Datieren lässt sie sich auf die Jahre 1740 bis 1790. Natürlich beginnt keine Strömung an einem Tag und endet an einem anderen. Wie bei anderen literarischen Epochen und Strömungen gibt es Überlappungen und fließende Übergänge. Selbst ein und derselbe Autor kann im Laufe seiner Entwicklung zunächst der einen, später der anderen Kategorie zugeordnet werden. Zum Beispiel beginnen Goethe und Schiller zunächst als Protagonisten des Sturm und Drang, später verkörpern sie die Weimarer Klassik. Zu den Hauptvertretern der Empfindsamkeit in der deutschen Literatur zählen u.a. Claudius, Klopstock und Hölty. In Frankreich und England finden sich empfindsame Tendenzen ab 1700.

5.5 Sturm und Drang 1765 – 1785

Der Sturm und Drang ist die Auflehnung der jungen Generation gegen die verstandesbetonte Aufklärung. Die gesamte Epoche, die sich von zirka 1765 bis 1785 erstreckt und auch gern als Geniezeit bezeichnet wird, hat ihren Namen von einem 1776 erschienenen Drama von Friedrich Maximilian Klinger. Dieser ist ein Jugendfreund Goethes und schreibt in dieser Zeit der Begeisterung für Jean-Jacques Rousseau auch das Werk „Die Zwillinge" (1776), das ebenfalls dem Sturm und Drang zuzurechnen ist.

In der Lyrik löst das freie Lied das Gedicht der Aufklärung ab, welches durch seine strengen Formvorschriften und Normen stark eingeengt war. Der Stil des einfachen Volkslieds wird wieder entdeckt und aufgearbeitet, als Themen Erlebnisse geschildert. Diese Erlebnislyrik bedient sich gerne der Natur als Mittel zur Darstellung des Gemütszustandes der Hauptperson. Sonnenschein, duftende Wiesen und blühende Blumen sollen das Gefühl der Heiterkeit ausdrücken und auf den Leser einwirken. Wolken, Nebel, Regen und Kälte sollen dem Leser bei ihrer Schilderung real erscheinen und ihn in die nun schlechte Stimmung der Hauptperson bringen.

Eine andere Art der Lyrik sind die hymnischen Gedichte. Wie der Name andeutet, werden Heldenvorbilder der Antike beschrieben und besungen. Die Gedichte unterliegen keinerlei Formbeschränkungen, sondern werden in freien Rhythmen erzählt. Die Zeilen sind unterschiedlich lang, haben nicht die gleiche Anzahl von Hebungen und Senkungen und sind nicht in Reimform. In diese Epoche fallen auch die Homer-Übersetzungen von Johann Heinrich Voss, der 1781 die „Odyssee" und 1793 die „Ilias" in die deutsche Sprache übersetzt. 1771 schreibt Goethe seinen „Prometheus" und drückt damit das Aufbegehren der Stürmer und Dränger gegen die alte Aufklärung, das Ablehnen der reinen Vernunftebene, den Protest gegen Unterdrückung und Bevormundung aus. Friedrich Schillers fulminanter Bühnenerstling „Die Räuber" hat die durchschlagende Wirkung eines dramatischen Paukenschlags. Auch Johann Gottfried Herder schließt sich mit der Übersiedelung nach Weimar 1769 dem literarischen Kreis um den jungen Goethe an.

5.6 Klassik 1785 – 1830

Der Klassiker, lateinisch classicus, war ursprünglich ein römischer Bürger aus der höchsten Steuerklasse, dann, als scriptor classicus, ein Schriftsteller ersten Ranges. Dieser Qualitätsbegriff bekam historische Bedeutung, als die Humanisten der Renaissance die Kunst der griechischrömischen Antike zum Vorbild erhoben und klassisch nannten. Ähnlich bezeichnet nun das Wort jeweils den Zeitraum, in dem einzelne Nationalliteraturen zur höchsten Blüte gelangen.

In der deutschen Literatur kommt es nach der heute weniger bekannten mittelhochdeutschen Klassik um 1200 noch einmal um 1800 zu einer jüngeren und darum noch stärker nachwirkenden Klassik. Diese hauptsächlich von Goethe und Schiller getragene Weimarer Klassik verdient ihren Namen nicht nur als eine zweite Gipfelleistung der deutschen Literatur, sondern auch weil sie an das Humanitätsideal und die Kunstauffassung der Renaissance anknüpft und dadurch wie diese mit der Antike in Verbindung steht.

Goethe und Schiller verwenden das Wort Klassik hin und wieder, beziehen es aber auf die Antike. Sie bezeichneten sich und ihre Werke nie als Klassiker bzw. klassisch. Erst von der Literaturgeschichts-schreibung des 19. Jahrhunderts werden sie als Klassiker gekennzeichnet. Die Klassiker erstrebten die Erziehung und Bildung des Menschen zu einer harmonischen, in sich widerspruchsfreien Persönlichkeit. Das Bildungsmittel sollte die Kunst sein. Es wurde ein neuer Begriff der Kunst entwickelt: Nicht mehr die schöpferische Willkür des Kraftgenies der Sturm-und-Drang-Zeit, das sich keinem Gesetz, keiner Regel unterwirft, war das künstlerische Glaubensbekenntnis, sondern das Erkennen und Erfüllen der als zeitlos verstandenen objektiven Gesetze der Kunst. Diese Gesetze erschienen den Klassikern in den Werken der Antike am besten verwirklicht.

Goethe und Schiller waren überzeugt, dass die Menschen des klassischen Altertums ihr Leben heiter und glücklich gelebt haben. Zu dieser Harmonie wollten die Klassiker den innerlich zerrissenen Menschen ihrer Zeit mit Hilfe der Kunst führen. Die Neigung der Klassik zum Typushaften, zu Ordnung und Maß löste die Lyrik der Epoche aus ihrer volkstümlichen Verwurzelung und bewirkte eine Abkehr von der Formfreiheit des Sturm und Drang. An die Stelle der Reimstrophen des Liedes und der gefühlsstarken freien Rhythmen der Geniezeit treten antikisierende Formen. Damit kehrt sich die Lyrik von der Urwüchsigkeit der Volksliedtradition ab. Die Grenzen zwischen Vers und Prosa werden wieder scharf gezogen, Sprache wird als künstlerischer Werkstoff behandelt. Themen sind: Ordnung der menschlichen Gesellschaft, Gesetzlichkeit des Lebens, sittliche Verantwortung des Menschen und geschichts- und kulturphilosophische Betrachtungen.

5.7 Romantik 1800 – 1835

Es gehört zum Wesen der Romantik, dass keine der damals gebräuchlichen Definitionen des Begriffes allgemein anerkannt wurden. Wenn Goethe meinte, Klassik sei das Gesunde, die Romantik dagegen das Kranke, so war dies ebenso übertrieben wie die Ansicht, dass die Romantik Formlosigkeit und Auflösung an die Stelle von Gesetz und Ordnung setzte. Die geistige Voraussetzung für das Entstehen der Romantik war das Unbehagen an der überlieferten Ordnung, die nicht imstande war, den Auswirkungen der Französischen Revolution mit Erfolg entgegenzutreten. Die Romantik entstand sozusagen als Gegenbewegung zum Klassizismus, also der Rückbesinnung auf griechische und römische Formen, der das Ende des 18. Jahrhunderts mit seinen Gedanken und Ideen beeinflusste und sich um 1800 zum so genannten „Empire" verwandelte. Das „Empire" wollte das napoleonische Cäsarentum zum Ausdruck bringen. Das Wort „Romantik" leitete sich von „romantisch" ab. Was früher soviel wie romanhaft, dann erst poetisch, phantastisch und stimmungsvoll bedeutete.

Im Gegensatz zur Klassik, die auf Reinheit der Dichtungsgattungen als „Naturformen der Poesie" größten Wert gelegt hatte, war das Ziel der Romantik, die Grenzen der Gattungen zu verwischen. So wird zum Beispiel zwischen Prosa und Vers gewechselt. In Romanen werden dramatische Teile eingebaut und in Erzählungen Gedichte. Die Romantik hat auch Nachwirkungen auf die Dichter der nachfolgenden Epochen, da sich die Dichter nur schwer von den Gedanken der Romantik lösen konnten. Vieles wirkt bis in die Literatur der Gegenwart. Auf dem Ideengut der Romantiker bauen zum Beispiel die französischen Dichter des 19. Jahrhunderts aufs, besonders die Symbolisten .

Zu den Autoren der Romantik zählen u.a. Clemens Brentano, Adalbert von Chamisso, Friedrich Rückert, Novalis und vor allem Joseph von Eichendorff.

5.8 Biedermeier 1815 – 1848

Im Biedermeier haben die Dichter keinen geschlossenen Kreis mit einem einheitlichen Programm gebildet. Sie leiden zwar unter dem Polizeistaat in Österreich, sind politisch aber sehr zurückhaltend und versuchen den Zwiespalt zwischen Wunsch und Wirklichkeit zu verdecken und die Gegensätze in Einklang zu bringen. Das Ziel, das die Biedermeierdichter verfolgen, ist, trotz aller Gefahren ein ausgeglichenes Leben, durch Ordnung, Selbstbeherrschung und Verzicht zu ermöglichen.

Die Hauptthemen waren Religion, Heimat und Familie. Auch in der Literatur stammen die meisten Themen und Motive aus der privaten Umwelt. Viele Dichter schauen melancholisch auf das Vergangene zurück, deshalb findet man in dieser Epoche viele Kindheitsgeschichten, die Sehnsucht nach dem einfachen Leben, die Vorliebe für Einsame, Eigenbrötler und Käuze. Die Handlung beschränkt sich auf engen Raum und wird von der Umwelt des Dichters geprägt. Die genaue Beschreibung von Landschaften und Innenräumen ist weit verbreitet. Wichtig sind in der Biedermeierliteratur epische Kleinformen, wie Erzählung, die Skizze, das Märchen und die Idylle. Reime haben eine große Bedeutung, es entstehen Gedichte, die zu Zyklen zusammengeschlossen werden. Im Biedermeier wird das Volksstück zum Publikumsliebling Nummer eins, eine Entwicklung die untrennbar mit dem Namen Ferdinand Raimund und Johann Nepomuk Nestroy verbunden ist. Der Bürger betritt als Held die Theaterbühne, und von dort aus die politische Bühne des bürgerlichen Zeitalters. Zu den bekanntesten Vertretern des Biedermeier gehören Adalbert Stifter, Eduard Mörike und Annette von Droste-Hülshoff.

5.9 Vormärz 1825 – 1850

Im Gegensatz zur nachträglichen, eher auf reine Zeitgenossenschaft und ein vages Kriterium des Rückzugs ins Private gestützten Bezeichnung Biedermeier lässt sich der literarische Vormärz als Sammelbegriff für die mit deutlich politischer Intention schreibenden Literaten etwa zwischen 1830 und 1850 in Analogie zum historischen Terminus plausibel legitimieren. Eine zentrale Rolle spielten hierbei die unter dem Schlagwort „Junges Deutschland" zusammengefassten Autoren, unter ihnen Ludwig Börne, Georg Büchner, Ferdinand Freiligrath, Georg Herwegh, deren Kontakt zueinander zwar relativ lose war, die aber durch das Verbot ihrer Schriften (1834 in Österreich, 1835 in Preußen) eine faktische Zusammengehörigkeit erfuhren. Sie entsprach der Gemeinsamkeit ihrer Ideen, nämlich Ablehnung des absolutistischen Staates und der dogmatischen Kirche, Überwindung moralischer Konventionen, Eintreten für Meinungsfreiheit, Demokratie, soziale Gerechtigkeit und die Emanzipation der Frau.

Die bedeutendste Figur in diesem Kontext ist Heinrich Heine, der zwar nur bedingt dem „Jungen Deutschland" zugeordnet werden kann, dessen führende Rolle jedoch durch die Konsequenz seiner Haltung, die Originalität seiner Gedanken und den ästhetischen Rang seiner Werke begründet ist. Heines Auseinandersetzung mit der Romantik fand ihren Niederschlag in dem Buch „Die romantische Schule" (1836), das zugleich zu einer der wichtigsten theoretischen Schriften des „Jungen Deutschland" wurde, da es in ihr nicht um Literaturgeschichte ging, sondern um eine Abrechnung mit den reaktionären Tendenzen der Spät-Romantiker. Andererseits kann Heine selbst durchaus als der letzte Romantiker angesehen werden: seine volksliedhafte

Lyrik, seine Ironie, aber auch der im Spätwerk vorhandene Pessimismus („Romanzero" 1851), der die Ablehnung einer kleinbürgerlichen, auf das Materielle fixierten Realität ausdrückte, sind in einem sehr ursprünglichen Sinne romantisch.

5.10 Realismus 1850 – 1890

„Realismus" ist keine Erfindung des 19. Jahrhunderts. Schon im 15. und 16. Jahrhundert lassen sich realistische Züge in der Dichtung erkennen. Bei Shakespeare und sogar in der Barockzeit bei Grimmelshausen werden Erzählungen äußerst realistisch geschildert. Aber erst im 19. Jahrhundert wird der Realismus zum Stilprogramm einer Generation. Die „Realisten" wandten sich vor allem gegen die Klassik und Romantik. Man wollte das Erfahrbare und Überprüfbare darstellen und ächtete die Phantasie. In der realistischen Dichtung sollen selbst die Gefühle und Meinungen des Dichters außerhalb der Darstellung bleiben. Man war daran interessiert, den Menschen in seinem alltäglichen Leben darzustellen. Der Realist wollte illusionsloser Beobachter sein, merkte aber dabei nicht, dass er nur einen kleinen Teil der Wirklichkeit wahrnimmt. Die Handlung der Werke fand meistens in kleinen Orten oder Dörfern auf dem Lande statt. Die Figuren waren häufig Handwerker, Kaufleute und Bauern. Nicht die große Politik, sondern die kleine Welt des Privaten bildete den Hintergrund.

Kennzeichnend für die Erzählung des Realismus ist die Rahmentechnik: Ein Erzähler erinnert sich an eine Begebenheit aus seinem Leben oder an eine alte Chronik, in der die dann folgende Geschichte erzählt ist. Die Erzählung bekommt durch den Rahmen den Anstrich eines Berichtes über reales vergangenes Geschehen. Die bevorzugte Gattungsform ist die Novelle, die im Realismus ihren Höhepunkt erreicht. Der Roman tritt im Realismus in verschiedensten Formen auf: als Entwicklungsroman, als historischer Roman, als Zeitroman sowie als Gesellschafts- und Familienroman. Auf das Drama wird weitgehend verzichtet. Die realistischen Erzähler beziehen sich meist ganz konkret auf die Gegenwart, auf die Realität ihrer Zeit. Um in ihren Werken die ganze Wirklichkeit zu erfassen, beschäftigen sie sich vor allem mit dem ihnen gut Bekannten: dem einfachen Bürgertum.

Zu den bekanntesten Vertretern des literarischen Realismus gehören u.a. Wilhelm Busch, Friedrich Hebbel, Theodor Fontane, Theodor Storm, ebenso die Schweizer Gottfried Keller und Conrad Ferdinand Meyer.

5.11 Frühe Moderne 1890 – 1925

Unter diesem Titel habe ich einige literarische Strömungen aus der Zeit der Jahrhunderwende und dem ersten Viertel des 20. Jahrhunderts zusammengefasst, die sich in ihrer zeitlichen Ausdehnung teilweise überschneiden und deren thematisch-formale Charakterisierung widersprüchlich ist. So werden manche der Dichter meiner Sammlung mal der einen mal der anderen Richtung zugeordnet. Es herrscht, so weit ich sehe, in der Literaturwissenschaft hierüber auch kein genereller Konsens. So (ver)suchen diese einschlägigen Übersichten entnommenen Bezeichnungen lediglich eine annähernde Einordnung der lyrischen Produktion dieser Zeit.

Expressionismus

Mit Expressionismus bezeichnet man eine gesamt-europäische Kunstbewegung zwischen 1910 und 1924. Der Anstoß ging von den Malern aus; der Name Expressionismus war zuerst der Titel einer Kunstausstellung in Paris (1901 von J. A. Herve geprägt). Alle Künste wurden von dem neuen Ausdruckswillen erfasst; die Maler der „Brücke" und des „Blauen Reiter", aber auch der Komponist A. Schönberg, der eine neue Harmonielehre veröffentlichte. Die künstlerische Avantgarde träumte von einer Symbiose aller Künste: Maler und Bildhauer illustrierten Sprachkunst-werke oder dichteten selbst (Kokoschka, Kandinsky, Barlach). Auf der Bühne sollte ein „Gesamtkunstwerk" aufgeführt werden, an dem Bild, Wort, Musik, Tanz beteiligt waren.

Die bevorzugten Gattungen des Expressionismus sind die Lyrik und die Dramatik. Zu den expressionistischen Lyrikern gehören u.a. <u>Gottfried Benn</u> (mit seinen frühen Gedichten). <u>Gerrit Engelke</u>, <u>Georg Heym</u>, <u>Jakob van Hoddis</u>, <u>Alfred Lichtenstein</u>, <u>Else Lasker-Schüler</u>, <u>Ernst Stadler</u>, <u>August Stramm</u>, <u>Georg Trakl</u>, <u>Franz Werfel</u>, <u>Peter Zech.</u> Sie und Gedichte weiterer zeitgenössischer Dichter:innen werden 1919 vom Literaturkritiker Kurt Pinthus (1886 bis 1975) in seiner programmatischen Anthologie „Menschheits-dämmerung" herausgegeben. Diese Gedichtsammlung avanciert binnen weniger Jahre und Neuauflagen zum Standardwerk des lyrischen Expressionismus und hat diesen Rang bis heute. Von den Malern, vor allem den Futuristen, übernimmt der literarische Expressionismus den Hang zur Abstraktion; er äußert sich in der Dichtung in einer Dekonstruktion der üblichen Grammatik. Der Satz soll befreit werden von allen logischen Zutaten (Konjunktionen, Adverbien, Interpunktion). Das Substantiv wird zur wichtigsten Wortart.

Impressionismus und Symbolismus

Seit dem Beginn des Naturalismus 1850 konnte sich dieser in Österreich nie richtig durchsetzen. Das ist auch die Erklärung für die zeitliche Überschneidung von Naturalismus (1850 – 1910) und den Gegenströmungen (1890 – 1925). Es wurde lange nach einem passenden Namen gesucht, der diese sich gegen die Realität sträubende Bewegung abdeckt. Es fanden sich viele Namen, doch keiner war für alle Ausprägungen treffend. Es tauchten Namen auf wie: Impressionismus, Symbolismus, Wiener Moderne, Das junge Wien, Dekadenzliteratur, u.v.a.

Es findet eine Entfremdung und Isolation des Menschen aus der Gesellschaft statt. In seinem Krisenbewusstsein sehnt er sich nach einem neuen Lebensstil, nach neuen Gesellschaftsformen. Der Rationalismus wird verdrängt und die Emotionen treten in den Vordergrund. Während der Naturalismus eine materialistische Weltanschauung beinhaltet, versuchen die Gegenströmungen, sich von der Wirklichkeit zu distanzieren. Arthur Schnitzler, <u>Detlev von Liliencron</u>, <u>Rainer Maria Rilke</u> werden dieser literarischen Strömung zugerechnet. Zwischen ihnen kommt es zu Überschneidungen und unscharfen Übergängen. So werden dieselben Dichter hin und wieder verschiedenen dieser Strömungen zugeordnet.

Wiener Moderne

Für die Wiener Moderne sind die Wiener Cafés ein ganz typischer Ort. Man nennt sie literarische Cafés, denn sie sind Treffpunkt für Autoren, Dichter, Künstler, Journalisten, Ärzte und andere Intellektuelle. Es handelt sich um gelegentliche Treffen, die sich anders als in Deutschland nicht zu Zirkeln entwickeln. Es werden keine verbindlichen Regeln entworfen. Man kommt zusammen und diskutiert über die verschiedensten Themen wie Literatur, Kunst, Politik oder Wissenschaften. Solche Runden haben einen großen Einfluss auf die einzelnen Dichter, auch wenn sie nur beiläufig einem Treffen beiwohnen. Die bedeutendsten Dichter dieser Ära sind <u>Hugo von Hofmannsthal</u> und Arthur Schnitzler.

<u>Symbolismus</u>
Symbole werden zur Darstellung abstrakter Gefühle und Gedanken verwendet. Die Dichter und Autoren wollten die Fesseln der deutschen Sprache sprengen. Als ihnen die Worte zur Beschreibung von Sinnlichem ausgehen, greifen sie auf die Umschreibung mit Hilfe von Symbolen zurück. Der Symbolismus versucht, verborgene Geheimnisse bewusst zu machen. Die Geschichte bestätigt die Bedeutung der symbolischen Darstellung. In vielen Völkern und Kulturen lassen sich gemeinsame und immer wiederkehrende Symbole entdecken, z.B. haben sich die Bedeutungen von Sonne, Wasser oder Feuer nicht wesentlich verändert. Der Symbolismus setzt sich in seiner Dichtung mit der Schöpfung und dem Leben im Zusammenhang mit dem Tod auseinander. Der Tod ist der bittere Kern der süßen Frucht des Lebens. Der Sinn des Lebens ist der Tod. Eines kann ohne den anderen nicht sein. Zu den herausragenden Vertretern des Symbolismus zählen u.a. <u>Rainer Maria Rilke,</u> <u>Hugo von Hofmannsthal,</u> und <u>Stefan George</u>.

5.12 Zwischen den Kriegen 1918 – 1945
In dieser kurzen Zeitspanne von nur 27 Jahren erleben Deutschland und mit ihm Europa eine unruhe- und unheilvolle Zeit, die ausgehend von der deutschen

Niederlage im Ersten Weltkrieg, über den Versuch einer staatlichen Neubestimmung in den 14 Jahren der Weimarer Republik – durch die Machtergreifung Hitlers und der Nationalsozialisten 1933 jäh abgebrochen –, nach 12 Jahren Diktatur zum völligen Zusammenbruch Deutschlands führt: sowohl politisch, durch die bedingungslose Kapitulation am Ende des Zweiten Weltkriegs mit dem Verlust nationaler und territorialer Souveränität (Besetzung, Teilung und Gebietsabtrennung) als auch moralisch, durch den Bankrott als Kulturnation.

Auf den Untergang der Monarchie folgt 1919 die erste deutsche Demokratie, in der sich jedoch von Anfang an konservativ-restaurative und sozialistisch-revolutionäre Kräfte unversöhnlich gegenüberstehen. Die Geburtsstunde der Weimarer Republik steht unter keinem guten Stern. Dieser unaufgelöste Antagonismus wird die erste deutsche Republik überschatten, belasten und schließlich zerreißen. Nach kurzer Prosperität schlingert sie im Strudel der Weltwirtschaftskrise, schließlich liefern sich die bürgerlichen Parteien mit dem Ermächtigungsgesetz quasi selbst der ersten deutschen Diktatur aus. Das an Schrecken schon zuvor nicht arme 20. Jahrhundert erfährt mit der Errichtung der Schreckensherrschaft der Nazis eine grausige Steigerung. Mit der öffentlichen Bücherverbrennung im Mai 1933 brennen bereits die ersten Scheiterhaufen als lodernde Menetekel ...
Die Wechselfälle dieser historischen Entwicklung beeinflussen den politischen Diskurs in Deutschland, das Geistesleben und somit auch Literatur und Lyrik. Ab 1918 setzt unter dem Eindruck der Schrecken des Weltkriegs seine Verarbeitung in Literatur und Kunst wichtige Akzente. Kunst und Literatur politisieren sich zunehmend. In schonungs-

losen Darstellungen zeigen Künstler wie Grosz und Dix das Grauen des Krieges sowie die Schattenseiten der Großstadt. In der Literatur entwickelt sich unter dem Begriff Neue Sachlichkeit ein Stil und eine Haltung, die auf raffiniert sachliche, scheinbar unbeteiligte Weise die Oberfläche von Beziehungen und Gefühlen darstellt und gerade dadurch darunter liegende Quellen andeutet (Kästner, Kaléko). Im Theaterstil eines Piscator, in Gedichten und Stücken des „Stückeschreibers" Brecht, in der Musik Weills werden in sprachlich-szenischer Radikalität die herrschenden Verhältnisse als Klassengegensätze begriffen, als veränderbare, also als zu verändernde.

Mit der 'Machtergreifung' beginnt 1933 der 'Exodus': deutsche Wissenschaftler von Weltrang, deutsche Künstler – Maler, Dichter, Musiker, Schauspieler – verlassen in Scharen das Land, das viele von ihnen zutiefst lieben und das ihres 'Handwerkszeugs', der deutschen Sprache wegen für die vertriebenen Dichter und Schauspieler eigentlich unverzichtbar ist. Der größte Aderlass, den Deutschland je zu verkraften hatte und eigentlich nie verkraftet hat. Das Land der Dichter und Denker verkommt zum Land der Richter und Henker. In dieser Zeit entsteht ein bedeutender Teil der deutschen Literatur und Lyrik im Exil. Einige Autoren klammern sich an ihre angestammte Heimat, gehen in die 'innere Emigration' (Kästner, Kaschnitz, Bergengruen), einige fliehen im letzten Augenblick (Kaléko, Lasker-Schüler, Sachs), nicht wenige führt der Weg ins KZ (Amery, Ossietzky, Kolmar, Meerbaum-Eisinger, Mühsam), manche suchen – einige unter ihnen sogar erst Jahrzehnte später – den Freitod (Amery, Celan, Tucholsky, Wolfenstein, Zweig). Die Namen stehen, ohne damit eine Rangzuweisung zu verbinden, stellvertretend für viele Ungenannte. Andere beziehen zumindest zu Beginn eine unklare, undurchsichtig-opportunistische Position zum sog. Dritten Reich (Benn, Jünger, Heidegger, Holthusen). Die Rolle, die manche der letzteren dann im Kulturbetrieb der Nachkriegszeit spielten, spielen durften, gehört zum Phänomen individueller wie kollektiver Verdrängung der Vergangenheit in den Gründerjahren der BRD unter Adenauer.

5.13 Jüngste Moderne ab 1945

Die vorerst letzte große Zäsur in der deutschen Geschichte, wahrscheinlich auch der größte Einschnitt in der deutschen Kultur seit 1000 Jahren, war die sog. 'Stunde Null' am 8. Mai 1945, nach den '1000 Jahren' des Dritten Reiches. Und diese Nachkriegszeit ist auch die letzte Epoche meiner AudioAnthologie. Sie führt mitten hinein in die Gegenwart, sie umfasst die zweite Hälfte des 20. und mittlerweile die ersten Jahrzehnte des 21. Jahrhunderts , und – welche Koinzidenz! – sie umfasst auch mein Leben, denn ich kam am 15. Mai 1945 zur Welt, eine Woche nach der bedingungslosen deutschen Kapitulation – gleichermaßen Niederlage wie Befreiung – in eine zutiefst zerrissene Zeit. Und darum will ich hier als Zeitzeuge dieser letzten Epoche meiner AudioAnthologie eine durchaus persönlich gefärbte Auswahl der Jüngsten Moderne präsentieren.

https://www.deutschelyrik.de/mein-mai-2013.html

Ich war natürlich nicht persönlich dabei, als sich die „Gruppe 47" konstituierte, die erste organisierte Zusammenkunft deutscher Literaten nach dem politischen Zusammenbruch, der ja auch der Bankrott einer Kulturnation gewesen war. Ich war mit meinen zarten zwei Lenzen im verwüsteten Berlin mit dem Überleben beschäftigt. Die ersten literarischen Versuche, gegen das namenlose Entsetzen und die unaussprechliche Schande der Vergangenheit eine neue Orientierung, einen Neuanfang zu wagen, waren geprägt von den Erfahrungen des Krieges, der Barbarei und der Zerstörung, waren verstörte, von Verstummen bedrohte, tastende Versuche, das unaussprechlich Namenlose doch mit Worten zu benennen. Adornos Diktum von 1951, nach Auschwitz ein Gedicht zu schreiben, sei barbarisch, wurde von vielen Lyrikern wie ein Verdikt empfunden und leidenschaftlich diskutiert. Die sog. Trümmer- oder Kahlschlagliteratur der Kriegsheimkehrer wie Wolfgang Borchert und Heinrich Böll kreiste um das zentrale Thema, um das zentrale Trauma Deutschlands. Nicht zufällig wurde Thornton Wilders Drama „Wir sind noch einmal davongekommen" eines der meistgespielten Stücke auf westdeutschen Bühnen der Nachkriegszeit. Günter Eich, Hans Magnus Enzensberger, Walter Jens, Hans Werner Richter gehörten neben vielen anderen zu der sich etablierenden linken Literaturszene in der BRD, die, ausgehend von der Abrechnung mit der Nazi-Zeit, scharfe Kritik an restaurativen Tendenzen in Politik und Gesellschaft der 50er und 60er Jahre übte.

Andere, für die Namen wie Wiechert, Benn, Bergengruen, Jünger, Carossa, Hesse stehen, waren humanistisch-bürgerlichen, auch nationalen Traditionen verpflichtet. Mit der Teilung Deutschlands geriet auch die Literatur in den Ost-West-Konflikt. Es entbehrt nicht einer gewissen Tragik, wie gerade manche derjenigen Dichter, die die DDR als das bessere Deutschland sahen und ganz bewusst zu ihrem (Wohn-) Ort gemacht hatten, im Laufe ihres künstlerischen wie politischen Engagements mit den stalinistischen

Strukturen des real existierenden Sozialismus in Konflikt gerieten – und so nicht selten zwischen alle Stühle. Brecht, Huchel, Hacks, Müller, Biermann, Lange stießen als nonkonformistische, unabhängige Intellektuelle immer wieder auf Unverständnis, Ablehnung und Repressionen durch die autoritär-bornierte Kulturbürokratie der DDR und reagierten auf unterschiedliche Weise mit Widerstand oder Anpassung.

Und wie zu erwarten, gerieten diejenigen, deren Einigkeit sich auf den gemeinsamen Antifaschismus beschränkte, auch untereinander in grundlegenden politischen Fragen in Konflikte. Kristallisationspunkte der teilweise erbitterten Auseinandersetzungen waren die Aufstände vom 17. Juni 1953 in der DDR und 1956 in Ungarn, der Bau der Berliner Mauer 1961, die Niederschlagung des Prager Frühlings 1968, die Ausweisung Wolf Biermanns aus der DDR 1976 und die Verhängung des Kriegsrechts in Polen 1981.

Stellvertretend für viele beschädigte Biografien möchte ich hier zum Schluss Paul Celan nennen. Er stammte wie auch Rose Ausländer, Selma Meerbaum-Eisinger und viele andere aus dem von den Nationalsozialisten ausgelöschten osteuropäisch-jiddischen multiethnischen Kulturraum, der Bukowina.. Sein Gedicht „Todesfuge" wurde, als er es 1952 auf Einladung der „Gruppe 47" vortrug, abgelehnt, sein an jüdisch-rumänischer Tradition orientierter pathetisch-singender Vortrag verlacht. Der physischen Vernichtung nur mühsam entronnen, gelang es ihm nach dem Krieg nicht, die Schatten der Vergangenheit zu überwinden. Von Depressionen verfolgt, setzte er seinem Leben 1970 selbst ein Ende. Doch die „Todesfuge" wurde in einem jahrzehntelangen, kontroversen Rezeptionsprozess in ihrer Bedeutung als legitime Neuschöpfung der klassischen Nänie, als gültige Totenklage angesichts des größten Kollektivverbrechens der Menschheit anerkannt, und – in viele Sprachen übersetzt – zu Paul Celans Vermächtnis, mit dem Adornos Diktum als aufgehoben gelten kann.

Die vorgestellten Daten und Jahreszahlen markieren als historische Wegmarken auch meinen eigenen Lebensweg, haben ihn beeinflusst und mitgeprägt. Aus dieser Betroffenheit resultiert meine Gedichtauswahl. Und mit diesem Abriss der Jüngsten Moderne beschließe ich meine Präsentation der literarischen Epochen. Nicht jedoch ihre fortlaufende Erweiterung und Ergänzung im Rahmen meiner lyrischen AudioAnthologie, eine Arbeit, der ich mich voraussichtlich bis zum Ende meines Lebens widmen werde.

Nachsatz im Jahr 2025:
Mittlerweile ist ein Vierteljahrhundert vergangen, mit 80 Jahren arbeite ich immer noch – kaum weniger als früher – an der Aktualisierung, Erweiterung und Ergänzung meiner „AudioAnthologie", gehe auf Vorschläge meiner BesucherInnen ein, behebe Fehler, die sich hier und da eingeschlichen hatten, und bin wie eh und je glücklich, der Lyrik dienen zu dürfen. Nun umfasst meine Sammlung 1900 deutschsprachige Gedichte. Zurückblickend nehme ich wahr, wie mein Weg über viele Neben-, und Umwege, nicht ohne schmerzhafte Erfahrungen des Scheiterns, die Richtung genommen hat, die ich heute als Sinn und Ziel meines Lebens erkenne. Ich fühle mich nach lebenslanger Suche dort angekommen, wofür ich geschaffen zu sein scheine. Dies erfüllt mich mit tiefer Dankbarkeit.

Wozu Lyrik?

Liebe LeserInnen, liebe ZuhörerInnen, lassen Sie uns zum Schluss dieser kleinen Einführung noch einmal zu der anfangs gestellten Frage, was das bestimmende Merkmal von Lyrik sei, zurückkehren. Wir haben in den zurückliegenden Kapiteln formale und inhaltliche Charakteristika vorgestellt, wir haben Gattungsgrenzen und Übergänge zu anderen Textformen aufgezeigt, wir haben einen Blick auf die literarischen Epochen geworfen und deren sich teilweise überlagernden Bedeutungen in den Fokus genommen, die eine eindeutige Begriffsbestimmung mitunter erschweren. Auf dem Feld der Geisteswissenschaften sind Definitionen natürlicherweise fließender als in den angeblich objektiven Naturwissenschaften. Übrigens haben auch die Naturwissenschaften seit Einstein und Heisenberg den Nimbus eindeutiger Objektivität verloren. Aber das nur am Rande.

Also zurück zum Anfang.

Ich habe einen grundlegenden Überblick über das, was ein Gedicht ist, bzw. nicht ist, zu geben versucht. Wenn es Ihnen mit dieser Einführung anhand der gegebenen Beispiele etwas deutlicher geworden ist, wie weit sich das lyrische Feld erstreckt, habe ich mein Hauptziel erreicht. Wenn es mir darüber hinaus gelungen sein sollte, Ihr vielleicht zuvor bereits vorhandenes Interesse an der Poesie durch vertieftes Wissen zu erweitern und womöglich zu einer emotionalen

Hinwendung, zu einer Liebe zur Lyrik zu wandeln, wäre das wirklich wunderbar.

Und das ist auch das Stichwort für dieses letzte Kapitel meiner kleinen Einführung: der emotionale Aspekt. Das letzte Kapitel aber vielleicht das wichtigste, was über Lyrik zu sagen ist. Denn was bislang noch gar nicht angesprochen worden ist, ist das Wozu. Eins scheint sicher: Woran wir keinen Gefallen finden, wofür wir nicht brennen, woran unser Herz nicht hängt, das wird uns nicht wirklich motivieren. Das ist mit Lyrik nicht anders als mit allen anderen Dingen – und Menschen. Also was kann oder will oder soll Lyrik? Was ist es denn eigentlich, was für viele Menschen den Reiz ausmacht, den Poesie, Lyrik, Gedichte auf sie ausüben. Dem wollen wir uns jetzt zuwenden.

Es gibt eine Reihe von neurophysiologischen Untersuchungen, die sich mit der Frage beschäftigen, was sich beim Hören von Versen im Menschen ereignet. In der evolutionären Entwicklung des Menschen scheint Rhythmus eine zentrale Rolle zu spielen. Rhythmus reicht als Herzschlag der Mutter sowie unser eigener in die allerersten Anfänge unserer individuellen Existenz und Rhythmus taucht in den frühen Kulturen der Naturvölker überall auf der Welt als erstes musikalisches Element auf, in Form von Trommel, Gong, Rassel.

Wir sind mit unserem ganzen Wesen zutiefst an rhythmische Prozesse gebunden und mit ihnen an Wechsel, Wandel und Schwingung. An Hell und Dunkel, Tag und Nacht, Wachen und Schlafen, darüber hinaus auch Gesundheit und Krankheit, Freude und Leid, Glück und Unglück, Geburt und Tod, an das Gesetz der Dualität, dem wir unterworfen sind.

Und seit einem Jahrhundert wird uns klar, auch das scheinbar Feste, Harte, die Materie ist „im Kern" flüchtige Schwingung, deren kleinste Bestandteile sich nicht einmal eindeutig lokalisieren lassen. So erscheint einleuchtend, dass wir als „Schwingungswesen" eine besondere Affinität haben zu allem, was schwingt. Wie zum Beispiel das Gedicht, die Poesie, Lyrik.

Fast jede/r kennt Kinderverse, nicht wenige werden sich erinnern, wie ihnen Mutter, Vater oder eine andere Bezugsperson beim Zubettgehen Einschlafgeschichten, Verse oder gereimte Gute-Nacht-Gebete vorgelesen oder wie sie solche gemeinsam gesprochen haben. Und an die angenehme Beruhigung, die von diesen Worten ausging. Wahrscheinlich werden die meisten die wohlige Geborgenheit eher der geschützten intimen Situation als dem Klang der Worte zuschreiben, ganz so wie der aufgeklärte Zeitgenosse die Wirksamkeit von Zaubersprüchen und Heilversen eher belächelt.

Gleichwohl lassen sich in allen Kulturen des Menschen, sowohl bei den Naturvölkern wie auch in den hoch entwickelten Gesellschaften Zeugnisse schamanistischer Heilkunst nachweisen. Haben diese Jahrtausende lang praktizierten Riten in der modernen westlichen Medizin zwar ihren anerkannten Rang verloren, verschwunden sind sie aus der Lebenspraxis vieler Menschen keineswegs, sondern haben sich heute nur auf eher unauffälliges Terrain zurückgezogen. Man denke an Beschwörungsgesänge in der Fankurve des Fußballstadions oder säkularisierten Abwehrzauber in Form von Reimen wie „Unberufen toi, toi, toi" und etliche andere von der Art. Alles Aberglaube,

Esoterik, Humbug? Wie sollten derlei plumpe Reime einen physischen Effekt und noch dazu einen positiven ausüben?

Hierzu hat die neurophysiologische Forschung in empirischen Versuchsanordnungen eindrucksvolle Studienreihen durchgeführt. So wies Angela D. Friedericis nach, dass das menschliche Gehirn auf die Herausforderung durch ungewohnte poetische Sprache regelmäßig durch die Aktivierung zusätzlicher Gehirnareale reagiert. Probanden im CT wurden Rezitationen unterschiedlicher Gedichte vorgespielt. An einem dieser Projekte habe ich vor etlichen Jahren als Sprecher selbst teilgenommen. Später wurden diese Versuche durch genauere Ortung der Gehirnareale, Messung des Hautwiderstands sowie die Erfassung unwillkürlicher Bewegungen der mimischen Muskulatur, die emotionale Reaktionen anzeigt, noch verfeinert.

Der Autor und Dozent Rolf-Bernhard Essig führt in seinem Radioessay „Über die Wirkung von Gedichten" zu diesen Versuchsreihen weiter aus:

„Zu den wichtigsten Erkenntnissen dieser Studie gehört, dass alle Versuchspersonen messbar stark und unwillkürlich positiv auf Poesie reagierten, selbst bei denen, die keine Lyrik-Enthusiasten waren. Dass Passagen, in denen Dialoge vorkamen, Personen oder Persönliches, stärkere Reaktionen bewirkten. Dass über die Inhalte hinaus der Reim und das Versmaß die Reaktionen verstärkend beeinflussten. Dass gegen Ende von Versen, Strophen und Gedichten regelmäßig stärkere Reaktionen messbar waren und diese sich schon kurz vorher als Erwartungsreaktionen ästhetischen Genusses beobachten ließen. Dass traurige und andere negative Inhalte der Gedichte gleichwohl zu unwillkürlichen positiven

Reaktionen führten, die als ästhetischer Genuss klassifiziert werden können und objektiv beobachtbar waren, also hirnphysiologisch, mimisch usw. In unziemlicher Kürze gesagt: Es konnte in der aufwendigen Studie eindeutig gezeigt werden, dass Poesie ein überaus starkes Stimulans ist, das messbare und deutliche emotionale, positive Reaktionen im Hirn auslöst."

Jede/r kennt aus eigener Erfahrung, wie sich unmittelbare psychische Reaktionen auf äußere Ereignisse einstellen können, sei es ein dramatisches Erlebnis, oder rein verbale Eindrücke, wie ein Witz, eine gute oder schlechte Nachricht, ein Satz, selbst ein einziges Wort Reaktionen auslösen können, die sich sichtbar in unwillkürlichem Gesichtsausdruck von Erstaunen oder Schrecken sowie auch hörbar in Gelächter und anderen Lautäußerungen zeigen. Sogar ein eigener Gedanke, der uns plötzlich „überkommt", also ein innerer Vorgang, kann eine spontane mimische Reaktion auslösen. Diese aus der Lebenspraxis allgemein bekannte Tatsache wurde in den vergangenen Jahrzehnten in experimentellen Studien eindrucksvoll belegt. Es besteht zweifelsfrei – ganz ähnlich wie beim Hören/Spielen von Musik – ein Zusammenhang zwischen dem Hören/Rezitieren von Versen und messbaren psychischen Reaktionen physischer, sowie neurophysiologischer Art. Unsere Vorfahren haben dieses Wissen seit Jahrtausenden genutzt. Der westliche Mensch hat es eigentlich nur wieder entdeckt.

Aber es geht noch weiter.

Neben dem Hirn ist es das Herz, das deutlich messbar auf Gedichte reagiert. Der Versfuß beschleunigt seinen Schlag oder eine besondere Metapher lässt es in erregender Arrhythmie hüpfen. Das Herz bietet den stärksten Impuls, sich der natürlichen Rhythmen des Körpers bewusst zu werden. Kraftvoller als die Atmung pocht das pulsierende Herz Einteilungen in unser Erleben. Sein pulsierendes Pendel schlägt als Metronom den Takt unserer Existenz. Mit seinem letzten Schlag endet auch das Stück unseres Lebens.

Jahrzehntelange Forschungen des amerikanischen HeartMath Instituts haben Belege dafür gefunden, dass es sich beim menschlichen Herzen keineswegs nur um eine Pumpe, sondern darüber hinaus um ein partiell selbständiges emotionales Organ handelt, das sich in direkter Kommunikation mit dem Gehirn des Menschen befindet. Und zwar nicht in untergeordneter, sondern in gleichberechtigter Position. Herz und Gehirn stehen in ständiger neurobiologischer, energetischer Verbindung, wobei die „Datenströme" vom Herzen zum Hirn sogar umfangreicher sind als in umgekehrter Richtung. Alle Kulturen, alle Sprachen, alle Völker der Menschheit sehen das Herz als Sitz von Gefühl, Mitgefühl und Liebe. Das Herz ist das universelle Symbol der Liebe. Die sprachlichen Bilder „sprechen eine eindeutige Sprache". Und nun wird offenbar, dass es sich bei den poetischen Bildern der Dichter nicht nur um luftige Metaphern handelt, wenn Herz und Liebe quasi synonym verwendet werden, sondern dass es sich hier auch um physiologisch belegte Zusammenhänge handelt. J.Andres Armour, einer der Pioniere der Neurokardiologie, führte 1991 das Konzept des eigenständig arbeitenden „Herzgehirns" ein. Seine Arbeiten verdeutlichen, dass das Herz ein komplexes intrinsisches Nervensystem hat, das weit genug ausgebildet ist, um es als ein kleines Gehirn anzusehen.

Hier stoßen wir auf oft übersehene, vergessene oder verdrängte Zusammenhänge zwischen Wort und Gefühl. Lyrik, wie jeder andere künstlerische Ausdruck, hat offenbar das Potenzial, beim Menschen erhebliche positive seelische Wirkungen auszulösen wie Freude, Kraft, Zuversicht. So gesehen ist die Zuwendung zur Poesie kein bloßer Zeitvertreib, sie kann uns vielmehr Zugang zu verschlossenen oder ungenutzten Räumen unseres Selbst eröffnen, zu seelischen Zuständen und Bereichen tiefer innerer Befriedigung und in jeder Befriedigung steckt ein Stück Frieden.

Marcel Reich-Ranicki schrieb im Vorwort zu seiner 2003 erschienenen Anthologie „Die besten deutschen Gedichte" am Schluss folgende Sätze zu derselben Frage, um deren Beantwortung ich mich hier intensiv bemüht habe.

„Der Poesie ist es gegeben, Empfindungen und Stimmungen zu benennen und festzuhalten. Und indem sie seelische Vorgänge ausdrückt, wirkt sie zugleich seelisch befreiend. Doch können wir von den Poeten nicht erfahren, was die Welt im Innersten zusammenhält. Belehrung und Aufklärung mag man bei den Philosophen oder den Naturwissenschaftlern suchen, für Trost und Zuspruch sind die Theologen oder die Psychoanalytiker zuständig, wenn nicht die Psychiater. Gewiß, man kann dies alles, wenn man es darauf anlegt, nicht selten auch der Poesie abgewinnen. Doch haben die Dichter anderes zu bieten. Um es mit einem einzigen Wort zusammenzufassen: ihre Leiden. Von ihnen sprechend, sprechen sie von unser aller Leiden. Wir verdanken den Poeten überdies, wonach wir uns alle sehnen: Schönheit. Allein durch ihre Existenz kommt die Lyrik unserem Abscheu vor dem Chaotischen entgegen. Oder dürfen wir gar sagen, unserem Bedürfnis nach Ordnung? Dies jedenfalls ist sicher: Wer dichtet, der widersetzt sich der

Willkür und dem Chaos. Dichten heißt ordnen. Selbst wenn sie den Untergang verkündet, wenn sie dem Tod huldigt, wenn sie den Zerfall besingt – dementiert die Dichtung, ob sie es will oder nicht, den Untergang, den Tod, den Zerfall. Die Poesie ist, indem sie sich der Vergänglichkeit widersetzt, stets auch Lebensbejahung. Unsere Welt verändern kann der Poet nicht. Aber er kann sie reicher und reizvoller machen. Also auf diese Weise vielleicht doch, zumindest ein wenig verändern? Mozart und Schubert hatten auf den Lauf der Dinge keinen Einfluß, nicht den geringsten. Indem sie jedoch zur vorhandenen Welt ihr Werk hinzufügten, wurde die Welt eine andere: Sie wurde nicht nur erträglicher, sie wurde berückender und berauschender. Darf man dies auch für die Kunst in der Nachbarschaft der Musik, für die Poesie in Anspruch nehmen? Sie vermag, immerhin, das Individuum aus seiner Gleichgültigkeit zu reißen und sogar aus den herkömmlichen Denkbahnen. Sie kann bewirken, daß der Mensch zum Augen-blicke sagt: 'Verweile doch, du bist so schön.' Sie kann ihm Glück bereiten.

In den schwersten Monaten und Jahren, die ich zu erleiden hatte, damals, als ich täglich mit dem Tod, mit meiner Ermordung rechnen mußte, habe ich bisweilen Verse gelesen. Was habe ich mir denn, frage ich mich jetzt, von dieser Lektüre versprochen? Etwa Trost und Zuspruch? Oder, eher Ablenkung, eher Vergnügen und Genuß für wenige Minuten? Ja, aber wahrscheinlich noch etwas: Man könnte es einen Zuwachs an Kraft nennen, Kraft, um dem Schrecklichen widerstehen zu können. Vielleicht wäre damit auch unsere schwierige Frage beantwortet – jene, wozu wir immer noch, wozu wir heute das Gedicht brauchen. So ist die Poesie ein Spiel, das uns beschützt, das uns in ungewöhnlichen Situationen vielleicht sogar retten kann, auch heute, sogar heute..."

Reich-Ranickis Sohn Andrew schrieb am 11.01.2014 in das Gästebuch meines Lyrikportals: „Ihre Webseite gefällt mir – die Lesungen sind sehr schön, und hätten sicher meinem Vater Marcel Reich-Ranicki auch gefallen."

Ich werde diese Worte in Ehren halten.

Nachwort

Während ich an diesem Text schrieb, stiegen Erinnerungen an persönliche, ja private Erfahrungen aus meinem Leben hoch. Ich erinnerte mich der Zeiten, als meine Mutter in den letzten Jahren ihres langen Lebens auf ihrem schweren und schmerzlichen Weg ins Dunkel Stück für Stück ihres Bewusstsein, ihrer Erinnerung, ihrer Bewusstheit verlor, wie unser lebenslanger enger Kontakt sich auflöste und zerfiel. Ich hoffte damals und hoffe noch heute, dass sie von diesem Zerfall weniger mitbekam als ich. Zu den tröstlichen Augenblicken, die ich aus jener Zeit im Gedächtnis bewahre, gehören diejenigen, als ich ihr Verse vorlas, die sie seit ihrer Kindheit kannte. Jedenfalls habe ich persönlich die Kraft miterlebt, die in Jugendtagen gelernte Verse entfalten können. Wenn ich ihr altvertraute Zeilen von Eichendorff vorlas, erhellte sich ihr Gesicht, ein Lächeln glitt über ihre Züge und sie sprach die Verse mit. Und mit diesen bewegenden Momenten aus meiner eigenen Biografie möchte ich meine Einführung beschließen.

Danksagung

Als mich 2016 die Anfrage von Professor Joachim Scheel erreichte, ob ich Zeit und Lust hätte, als Autor an seinem MultiMedia-Projekt mitzuwirken, hatte ich noch keine genauere Vorstellung davon, wie ich diese Arbeit anlegen könnte. Als ersten Anhaltspunkt nahm ich mir den von ihm geschriebenen „Streifzug durch die klassische Musik" vor und lernte so das zugrunde liegende Prinzip der medialen Verknüpfung kennen. Mit diesem Buch als Beispiel nahm ich die Arbeit in Angriff und stellte innerhalb eines Vierteljahres die ersten drei Kapitel fertig. Dann folgte eine längere Schreibpause. Ich wusste nicht recht, wie es weitergeht, kümmerte mich in der Zeit intensiv um mein Internetprojekt der Deutschen Lyrik sowie andere, die mir ebenfalls am Herzen lagen. Erst 2018 nahm dieses Projekt wieder seinen Fortgang. Ich stieß u.a. auf das SWR-Sendemanuskript „Die lyrische Hausapotheke" von Rolf-Bernhard Essig. Davon inspiriert nahm ich meine Arbeit an der „Einführung in die Lyrik" wieder auf und geriet über das HeartMath Institut u. a. zu J. Andres Armour, einem der Pioniere der Neurokardiologie. Diesen Quellen entnahm ich Entdeckungen und Argumente, die zur Entwicklung meines Themas passten. Ihnen verdanke ich Erkenntnisse und Sichtweisen, die meinen Blick auf Literatur und Lyrik und, wie ich hoffe, gleichermaßen diese Einführung erweitert und bereichert haben.